FLUÊNCIANOBRAÇO DAGUITARRA

O Guia *Criativo* para Dominar o Braço da Guitarra

JOSEPH**ALEXANDER**

FUNDAMENTAL**CHANGES**

Fluência no Braço da Guitarra

O Guia *Criativo* para Dominar o Braço da Guitarra

Publicado por **www.fundamental-changes.com**

ISBN: 978-1910403440

Copyright © 2019 Joseph Alexander

Traduzido por: Marcos Chaves

O direito moral deste autor foi declarado.

www.fundamental-changes.com

Profundos agradecimentos ao maravilhoso Pete Sklaroff por gravar o áudio para este livro.

Agradeço ao **Quist** por fornecer excelentes faixas de apoio para este livro.

Conteúdo

Introdução

Este livro foi feito para ajudá-lo a dominar o braço da guitarra, ao mesmo tempo em que aprende os mais importantes padrões e abordagens utilizados na música moderna. Independentemente do estilo de música que você toque, este livro irá abrir o braço da guitarra e colocar cada escala essencial instantaneamente na ponta dos seus dedos.

Este livro é dividido em duas partes. A primeira parte explora, simultaneamente, os métodos usados pelos guitarristas para criar melodias e construir fluência e técnica na guitarra. Você aprenderá os padrões sequenciais, saltos de intervalos, tríades e arpejos que transformam as escalas em ferramentas melódicas utilizáveis. Essa seção, além de melhorar significativamente a sua técnica, também aumentará a sua criatividade e habilidade, porque cada exercício lhe ensinará um vocabulário melódico que ajuda a construir uma grande liberdade criativa.

Enquanto músicos, um dos maiores desafios que enfrentamos é que, geralmente, os nossos dedos estão no controle do nosso cérebro. Padrões ou frases que nós memorizamos têm o hábito de serem tocadas sem que nós, conscientemente, estejamos com vontade de tocá-las. Quantas vezes você já pensou, "Droga! Sério que eu toquei esse lick *de novo*?!"

A Parte Um deste livro não apenas permitirá que você construa *novas* ideias melódicas, como também lhe ajudará a aplicar essas ideias de forma criativa em situações musicais. Ela te ajudará a fugir dos mesmos costumes de solo, enquanto desenvolve conhecimento do braço da guitarra, uma excelente técnica e um comando criativo e consciente do instrumento.

Na Parte Um, você aprenderá várias formas importantes de como ser criativo com escalas, aplicando essas abordagens aos padrões de escalas mais comuns para guitarristas. Todos os cinco desenhos de escalas Maiores, Pentatônicas, Melódicas e Harmônicas Menores serão abordados, para que seus dedos se tornem familiares com qualquer padrão que você encontrar.

Você aprenderá rotinas úteis e concentradas para ajudá-lo a tirar o máximo do seu tempo, e algumas importantes dicas psicológicas para se manter focado e positivo.

A Parte Um possui uma grande quantidade de material melódico para a guitarra, e apesar de você poder usá-la para construir uma técnica devastadora, você vai descobrir que a ênfase está em desenvolver os seus ouvidos, sua musicalidade e a sua própria voz individual na guitarra.

A Parte Dois deste livro é onde você vai ficar intimamente familiarizado com o braço da guitarra. O objetivo é aprender *cada* escala importante, em *cada* tom e em *cada* posição no braço da guitarra.

Isso pode parecer uma tarefa assustadora, e vai levar algum tempo para você dominar essa habilidade. Porém, assim que você a tiver dominado, ela ficará com você para sempre.

Há muitas escalas na música, mas 99% dos músicos de hoje em dia usam apenas dezesseis escalas diferentes para improvisar. Geralmente, guitarristas de rock e blues usarão ainda menos escalas diferentes, e guitarristas de jazz fusion usarão mais.

As escalas mais comuns são:

- Os sete modos da Escala Maior

- Escalas Pentatônicas Maior e Menor

- Harmônica Menor e um de seus modos

- Melódica Menor e dois de seus modos

- A Escala Dom-Dim (Dominante-Diminuta) e a Escala de Tons Inteiros (Whole Tone)

Algumas dessas escalas são muito mais comumente utilizadas do que outras, então os sons mais importantes são priorizados, de modo que você consiga fazer música rapidamente.

Se você não sabe o que é um modo, ou nunca ouviu falar em uma escala Melódica Menor, não se preocupe. Haverá uma pequena explicação teórica no começo de cada capítulo e diversas oportunidades de aplicar cada escala musicalmente. Entretanto, se esses conceitos são genuinamente novos para você, então eu sugiro fortemente que você adquira uma cópia do livro **The Practical Guide to Modern Music Theory**, lendo-o em conjunto com o capítulo de cada escala nova.

A Parte Dois começa com uma rápida olhada em como memorizar as notas no braço da guitarra, usando desenhos e padrões para ajudá-lo. Apesar de o aprendizado de escalas na guitarra poder ser resumido a memorizar desenhos, é fundamental que você saiba como encontrar a nota tônica do tom no qual você deseja tocar.

Aí, nós prosseguimos para como aprender a tocar *qualquer* escala em *qualquer* tom em *qualquer* lugar do braço da guitarra. Esse método é baseado no sistema CAGED, no qual os cinco desenhos de escala ensinados na Parte Um são relacionados aos acordes âncora.

Em virtude de os modos serem derivados de uma única *"escala mãe"*, ao visualizar o desenho dessa escala ao redor de um acorde âncora diferente, nós instantaneamente alcançamos qualquer modo que desejemos tocar. Para mover o modo para um tom diferente, tudo que precisamos fazer é mover o acorde âncora para uma nota tônica diferente.

Ao usar esses simples acordes-âncora, e trabalhar em alguns tons diferentes, o braço da guitarra se abre de uma forma extremamente rápida. Isso pode parecer um pouco complexo, mas eu prometo que é um processo simples.

Mais uma vez, rotinas de treinamento úteis e eficientes estão incluídas para permitir que você domine rapidamente cada escala e tom.

A Parte Dois é cuidadosamente organizada de modo que você primeiro aprenda as escalas mais comuns e úteis. Antes de entrar em escalas ligeiramente mais obscuras, pergunte-se o quão úteis elas são para o estilo de música que você toca. Pode ser melhor você exercer a sua criatividade com escalas e padrões mais comuns, das primeiras partes do livro.

De modo algum eu estou tentando te afastar dessas escalas (elas estão incluídas aqui por um motivo), mas nós temos apenas uma quantidade limitada de tempo para fazer música, então priorize as escalas que o levarão ao som que você quer tocar.

Não há qualquer exigência sobre a ordem de como trabalhar esse livro. Na verdade, eu recomendo que você combine as Partes Um e Dois deste livro desde o princípio. Você praticará de forma mais eficiente se puder aplicar as sequências e padrões melódicos às escalas e posições na Parte Dois.

Ao longo deste livro, há algumas sugestões de rotinas de treinamento, e quaisquer padrões e escalas que eu considero uma prioridade estarão marcados com um *.

Este livro é sobre treinar as suas mãos para seguirem ideias musicais na sua cabeça, então ouvir os exemplos de áudio é bastante recomendado.

Obtenha os Áudios

Os arquivos de áudio para este livro estão disponíveis para download gratuito em **www.fundamental-changes. com**; o link está no canto superior direito. Basta selecionar o título do livro no menu suspenso e seguir as instruções para obter os áudios.

Nós recomendamos que você baixe e extraia os arquivos diretamente para o seu computador (e não para o tablet) antes de adicioná-los à sua biblioteca de mídia. Assim você pode colocá-los no seu tablet, iPod, ou gravá-los em CD. Na página de download há um arquivo de ajuda em PDF, e nós também fornecemos suporte técnico através do formulário de contato.

Kindle / eReaders

Lembre-se que você pode dar dois cliques em qualquer imagem para aumentá-la Desabilite a visualização por colunas e segura o seu Kindle no modo paisagem.

Para mais de 200 Aulas de Guitarra Gratuitas em Vídeo, veja:

www.fundamental-changes.com

FB: **FundamentalChangesInGuitar**

Instagram: **FundamentalChanges**

Parte Um: Sequências, Intervalos, Tríades e Arpejos

Introdução à Parte Um

A maior parte da música popular *não* é feita de padrões, sequências e linhas de saltos intervalados. De fato, essas ideias ocorrem com alguma frequência no rock pesado ou solos "fritados" de guitarra, mas elas são, geralmente, um pequeno recurso para construir tensão. Se todos os solos fossem simplesmente sequências de padrões melódicos, eles ficariam entediantes muito rapidamente.

Sem divagar pelo antigo (e inútil) debate de "técnica vs feeling", a minha *opinião* é de que os solos de guitarra geralmente são descritos como "sem alma" quando são formados, em sua maioria, por padrões que os guitarristas praticam como exercícios de técnica.

Quando um solo de guitarra é descrito como "expressivo", ou um guitarrista é descrito como "tendo um bom feeling", eu acredito que eles praticaram padrões e escalas semelhantes - mas o objetivo foi dominar o braço da guitarra e ter liberdade musical, ao invés de velocidade e técnica.

Velocidade é um meio útil de medição. Ao aumentar a velocidade do metrônomo e tocar um padrão com precisão, nós podemos facilmente medir melhorias significativas e nos sentirmos bem com o nosso progresso. Infelizmente, o outro lado dessa moeda é que, ao treinarmos exaustivamente para melhorar a velocidade em um exercício em particular, nós treinamos nossas mãos para fazer *apenas* aquele exercício. Quaisquer ganhos na técnica são rapidamente ofuscados pela limitação em nossa criatividade. A ideia de um solo de guitarra é realmente inserir algo novo à música, levando a canção para outro lugar. Como nós poderemos trazer algo novo para a música se nossas mãos estão "travadas" em um ou dois padrões em particular?

A solução é nos certificarmos de que nós estamos praticando qualquer exercício de técnica de um jeito criativo e musical, percebendo que o objetivo desse tipo de exercício é ensinar aos nossos ouvidos novas possibilidades melódicas.

Se a maior parte das formas populares de música não é construída ao redor de sequências e padrões, então por que é tão importante para nós praticarmos isso? Eu acredito que existam algumas razões.

- Confiança e fluência

Praticar escalas em padrões melódicos, saltos de intervalos, tríades e arpejos nos deixa mais confiantes sobre onde as notas estão no braço da guitarra. Com esse tipo de confiança, nós somos capazes de tocar com convicção e feeling.

- Treinamento para o ouvido

Trabalhar diferentes estruturas melódicas nos permite ouvir e internalizar possibilidades melódicas que antes nós ignorávamos. Ao nos forçar a praticar coisas diferentes, nosso ouvido se lembrará e internalizará vários sons distintos. Ao improvisarmos ou escrevermos músicas, nós teremos um grande dicionário de ideias melódicas que se combinarão naturalmente para formar solos interessantes. Ademais, ao praticar essas ideias em um ambiente criativo (com faixas de apoio ou uma banda, ao invés de apenas um metrônomo), nós aprendemos a *sentir* como a escolha por uma escala em particular afeta o humor da música.

- Construir espontaneidade criativa

Se nós somos confiantes com escalas e aprendemos várias ideias melódicas, nós temos mais chances de ter a confiança de tocar algo novo de forma espontânea. Grave-se tocando e ouça a gravação 24 horas depois. Ouvir uma ideia que surgiu no seu solo pode ser a semente de uma nova música ou frase.

- Técnica

Não há como negar que praticar padrões, intervalos, tríades e arpejos melhora a sua técnica rapidamente. Tocar com um metrônomo ou bateria eletrônica e aumentar a velocidade de um exercício é um fator importante para *internalizar* um padrão. A parte difícil é saber quando parar de praticar técnica e quando começar a fazer exercícios musicais. Os exercícios desta seção contêm sugestões de velocidade, mas elas irão variar dependendo dos seus gostos e estilos. Técnica é a perseguição da fluência, confiança e habilidade para tocar a música que você escuta em sua cabeça. A velocidade pode ser parte disso, mas não é o objetivo final.

Três-Notas-Por-Corda vs Padrões CAGED de Escalas

A maioria das escalas contém sete notas diferentes, e essas notas estão espalhadas por vários lugares do braço da guitarra. É possível tocar cada nota em mais de um local, e também em diferentes oitavas, o que significa que todo o braço da guitarra pode ser preenchido com apenas uma escala.

Por exemplo, as sete notas de Dó Maior (C D E F G A B) estão localizadas nos seguintes locais:

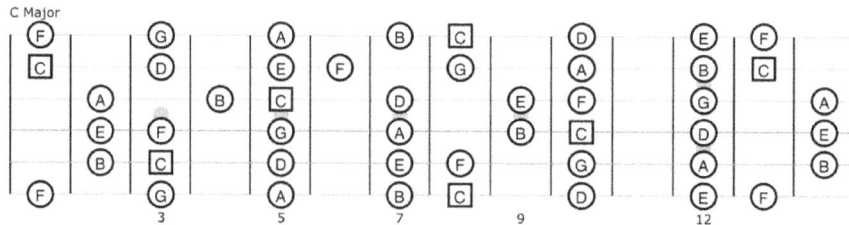

Se formos usar isso musicalmente, nós precisaremos quebrar essa grande quantidade de informação em pequenas porções, e as opiniões se dividem em relação a como fazer isso.

Alguns guitarristas gostam de dividir a escala original em porções de três notas por corda, dividindo as notas entre as casas 5 e 9, desta forma:

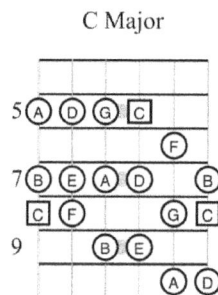

Outros guitarristas dividem esse alcance de forma diferente, evitando divagar por muitas casas distantes da primeira nota do padrão. Observe que no diagrama a seguir, a quarta casa é usada e a nota mais alta agora é um Dó, não um Ré como no diagrama anterior.

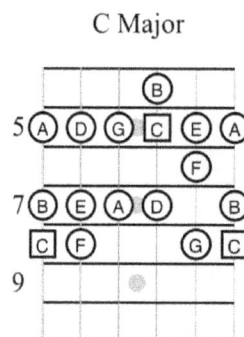

Esses padrões menores são geralmente chamadas de padrões CAGED, pois eles costumam ser vistos como construídos ao redor de uma das primeiras posições de acordes abertos que você provavelmente já aprendeu. Esses acordes são os acordes de Dó, Lá, Sol, Mi e Ré Maior (CAGED). A escala acima é construída ao redor do desenho de Sol Maior.

C Major (G Shape)

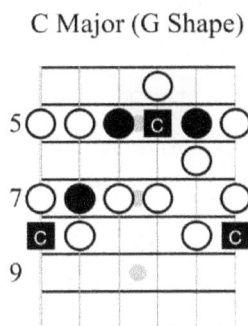

Escalas de três notas por corda ajudam na hora de tocar mais rápido por causa de sua uniformidade, apesar de ser fácil ficar preso em "fritadas" de escalas e padrões. Elas também podem fazer com que muitas melodias sejam fraseadas em grupos de três notas devido a esse desenho, além de dificultarem a execução de grupamentos de semicolcheias e colcheias.

Os desenhos CAGED são visualizados com mais facilidade ao redor dos desenhos de acordes, facilitando encontrar as notas "alvo" e os tons de acordes. Eles geralmente caem na ponta dos dedos de forma mais confortável e não precisam de trocas de posições para serem tocados. Grandes saltos intervalares são mais fáceis de tocar por causa do alcance menor, e grupamentos regulares são mais fáceis de controlar. Por outro lado, pode ser desafiante controlar a troca entre grupamentos de duas e três notas por corda, então esses desenhos não são tão fáceis de tocar rapidamente.

Uma grande diferença é que (contra intuitivamente), você precisa de *sete* padrões de três-notas-por-corda para cobrir o braço da guitarra, mas de apenas *cinco* padrões CAGED para fazê-lo.

A minha experiência pessoal de aprendizado é em direção a um grupamento misto (CAGED), já que eu toco mais jazz e blues, mas quando eu era mais jovem e tocava um rock mais técnico, eu me baseava intensamente nos desenhos com três notas por corda.

Esse livro se concentra mais no CAGED, pois eu acredito que seus diversos benefícios compensam os seus pequenos desafios. Essas escalas se encaixam perfeitamente no sistema CAGED e são um jeito excelente de organizar o seu pensamento. Entretanto, eu também incluí alguns diagramas com desenhos de três notas por corda para os modos da Escala Maior junto dos modos Melódico e Harmônico Menor no Apêndice A.

As abordagens da Parte Um podem ser aplicadas a qualquer tipo de desenho de escala. Então, se você acreditar que eles se encaixaram melhor ao seu estilo musical, por favor, use-os, pois eles podem ser bem úteis.

Capítulo Um: Sequências Melódicas

Este capítulo te ensinará os importantes padrões de escalas que construirão fluência e vocabulário melódico na guitarra. Inicialmente, essas sequências serão fornecidas ao redor da primeira posição da Escala Maior antes de serem aplicadas a outros padrões ou tipos de escalas.

As sequências são fragmentos melódicos pequenos e repetitivos, que gradualmente sobem e descem a escala. Esses padrões nos ensinam novas possibilidades melódicas enquanto constroem nossa técnica, confiança e fluência.

Cada padrão é ensinado ao redor do seguinte desenho de escala. Certifique-se de que pode tocá-lo fluentemente, tanto subindo quanto descendo, antes de passar para as próximas sequências deste capítulo.

Assim como em todos os diagramas neste livro, a nota tônica da escala é exibida com um ponto quadrado.

C Major Shape 1

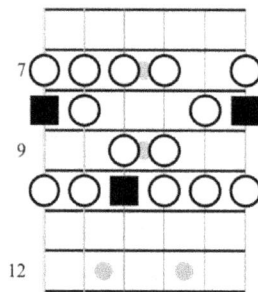

Na página 14 há uma agenda concisa de treinamentos que você deve seguir ao aprender as sequências deste capítulo. Assim que você tiver aprendido as sequências, não deve levar mais do que cinco minutos para completar esses exercícios todos os dias.

Você não precisa completar cada exercício perfeitamente antes de passar para o próximo. Ajuste um cronômetro para despertar a cada 30 segundos e siga para o próximo exercício, mesmo que você ainda não esteja tocando o exercício atual de forma satisfatória.

O motivo para essa abordagem rigorosa é para que você se certifique de entrar em contato com tanto material quanto você possa, todos os dias, além de aprender hábitos *saudáveis* de treinamento.

Hábitos Saudáveis de Treinamento

Imagine um cenário no qual eu diga para você escolher o padrão mais difícil e tocá-lo até que você o tenha dominado em alta velocidade. Você pode precisar de alguns dias para conseguir isso, e ainda assim terá alguma dificuldade. Você agora já gastou uns três dias trabalhando em apenas um padrão que você provavelmente não possui confiança para usar musicalmente - e, mais importante ainda, você desperdiçou oportunidades de aprender outros padrões musicalmente úteis, que poderiam ter sido mais benéficos ou fáceis de tocar.

Só porque um padrão é difícil, não significa que ele é musicalmente mais importante. Na verdade, se um padrão é *realmente* difícil e você levou muito tempo para dominá-lo, você terá treinado o seu dedo para *travar* naquele padrão - e, agora, ele é tudo que você consegue tocar! Se você achar algo extremamente difícil, talvez você ainda não esteja pronto para aquilo. Talvez a sua técnica precise de um pouco de trabalho, ou talvez você não conheça a escala bem o suficiente. Se esse for o caso, aprender padrões mais fáceis pode te preparar para os mais desafiadores, além de te ajudar a se tornar mais familiar com o padrão da escala.

Ao praticar as coisas mais fáceis primeiro, você sentirá mais progresso na sua habilidade e associar sentimentos positivos (ao invés de negativos) à sua guitarra.

Depois que você finalizar a agenda completa, pare e faça uma pausa. Então siga para o próximo exercício que usa uma das sequências de um jeito criativo. Essas ideias são mostradas no Capítulo Cinco.

Sempre pare quando o cronômetro zerar. Mais uma vez, isso ajuda a construir emoções positivas quando você toca.

Se você quiser continuar o seu treinamento depois que o cronômetro zerar, é porque você, provavelmente, está indo muito bem ou está muito frustrado.

Se o seu treinamento estiver indo bem e você decidir continuar para além do cronômetro, você eventualmente chegará a um ponto em que ficará frustrado, e aí você deixará sua guitarra de lado. Isso significa que você deixou a sua guitarra em um estado negativo e associou sentimentos negativos ao seu treinamento. Pare enquanto estiver se sentindo positivo e você sempre retornará se sentindo entusiasmado.

Todos nós temos dias nos quais o treinamento não está indo bem, o que acaba nos deixando frustrados. O macete aqui é observar quais coisas em específico estão te desafiando. Continue trabalhando até que o cronômetro apite, porque continuar com algo que é difícil já é uma grande conquista em si mesmo. Depois do seu treinamento, anote o que foi especificamente desafiador para você e faça uma pausa.

Se você continuar depois que o cronômetro parar, você se sentirá mentalmente exausto, e ficará inútil pelo resto do dia. Quando for a hora de praticar de novo você se lembrará desses sentimentos negativos e evitará pegar a guitarra.

Se você parar com o apito do cronômetro, você terá tomado controle da tarefa, mantendo o controle da situação. Você poderá pegar a guitarra depois sabendo que é você quem manda. Tudo bem se as coisas forem desafiadoras, mas saiba que não há pressa em progredir e que você é o dono do seu treinamento.

Prenda-se ao esquema a seguir, e siga em frente quando o cronômetro mandar.

Este capítulo contém sete sequências de escalas ascendentes e descendentes. A tabela a seguir irá ajudá-lo a organizar o seu tempo.

Para os primeiros dias, concentre-se em aprender todos os padrões na posição 1 da escala Maior, mas nos últimos dias aplique os padrões em todos os cinco desenhos, conforme mostrado na página 18.

Padrão	Dia 1	Dia 2	Dia 3	Dia 4	Dia 5	Dia 6	Dia 7
A *	♫@60	♫@80	♫@100	♬@50	♬@75	♬@90	♬@100
B*	♫@60	♫@80	♫@100	♬@50	♬@75	♬@90	♬@100
C	♫@60	♫@80	♫@100	♬@50	♬@75	♬@90	♬@100
D*	♫@60	♫@80	♫@100	♬@50	♬@75	♬@90	♬@100
E	♫@60	♫@80	♫@100	♬@50	♬@75	♬@90	♬@100
F*	♫@60	♫@80	♫³@100	♬@50	♬@75	♬@90	♬@100
G*	♫³@60	♫³@80	♫³@100	♬⁶@50	♬⁶@60	♬⁶@70	♬⁶@80
H*	♫³@60	♫³@80	♫³@100	♬⁶@50	♬⁶@60	♬⁶@70	♬⁶@80
I*	♫³@60	♫³@80	♫³@100	♬⁶@50	♬⁶@60	♬⁶@70	♬⁶@80
J	♫³@60	♫³@80	♫³@100	♬⁶@50	♬⁶@60	♬⁶@70	♬⁶@80
K	♫³@60	♫³@80	♫³@100	♬⁶@50	♬⁶@60	♬⁶@70	♬⁶@80

* = Prioridade

Isso pode parecer uma tarefa demorada, mas conforme suas habilidades forem se desenvolvendo, você precisará de apenas alguns segundos para tocá-las. Com o tempo, você será capaz de subir e descer através de cada exercício nesse capítulo em menos de quatro minutos, ao tocar em semicolcheias a 90bpm. Para dicas de como desenvolver velocidade, vá para a página 18.

Não se preocupe se você não atingir a velocidade exigida a cada dia, essas ideias levam algum tempo para serem dominadas. Mantenha um registro do tempo em que você consegue tocar cada exercício e comece alguns bpm abaixo desse ponto, todos os dias. Ademais, concentre-se nos exercícios com asterisco (*), pois eles são os mais importantes.

Nas sequências a seguir, apenas os dois primeiros compassos de cada padrão ascendente e descendente são mostrados. Se o exercício completo fosse escrito para cada sequência, este livro afundaria um navio de guerra!

Dois compassos é tempo suficiente para que o padrão entre em seus ouvidos. Além disso, suas habilidades no braço da guitarra se beneficiarão enormemente se você usar os seus ouvidos e olhos para continuar as sequências através do resto dos desenhos de escalas. Essa é uma oportunidade fantástica para memorizar o padrão da escala.

Os exercícios a seguir podem ser tocados sobre qualquer sequência de acordes no tom de Dó. Você pode usar a faixa de apoio 1 enquanto você pratica.

Exercício 1a: *

Exercício 1b: *

Exercício 1c:

Exercício 1d: *

Exercício 1e:

Exercício 1f: *

Exercício 1g: *

Exercício 1h: *

Exercício 1i: *

Exercício 1j:

Exercício 1k:

Quando você sentir que dominou um ou dois padrões, avance para o Capítulo Cinco e use-os com os exercícios de criatividade musical.

O próximo (e muito importante) passo é aplicar esses padrões aos outros quatro desenhos de escala de Dó Maior, para desenvolver o mesmo nível de fluência em todas as posições.

Na Parte Dois, você aprenderá como usar esses cinco desenhos para tocar facilmente qualquer modo Maior. Então, construir uma familiaridade e fluência agora será de grande valia para você. Existem sete modos de escala Maior para serem tocados com esses desenhos, então os benefícios de qualquer prática aqui serão multiplicados por sete quando você aprender a usar esses desenhos como modos.

Incluindo o primeiro desenho que nós já abordamos, os cinco desenhos do modo Maior podem ser tocados assim:

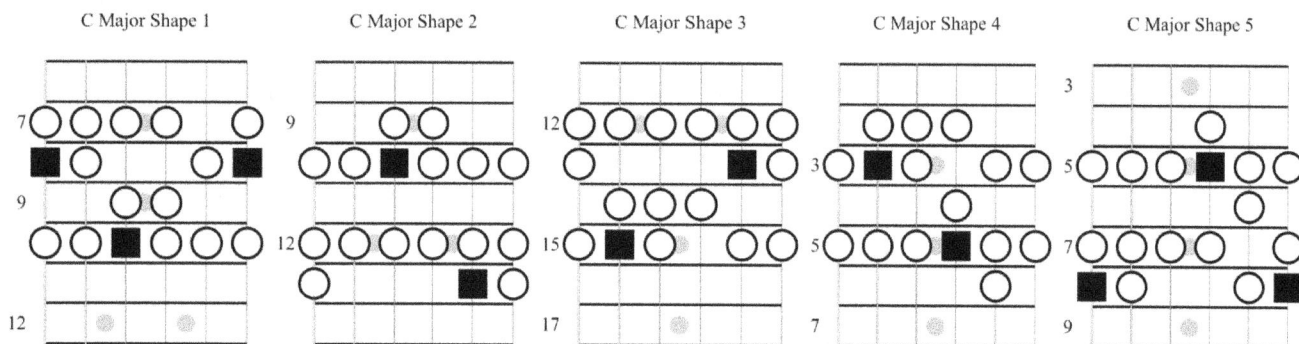

C Major Shape 1   C Major Shape 2   C Major Shape 3   C Major Shape 4   C Major Shape 5

O exercício a seguir mostra como aplicar um padrão que você conhece a qualquer desenho diferente.

Aqui vai a sequência melódica do exercício 1a:

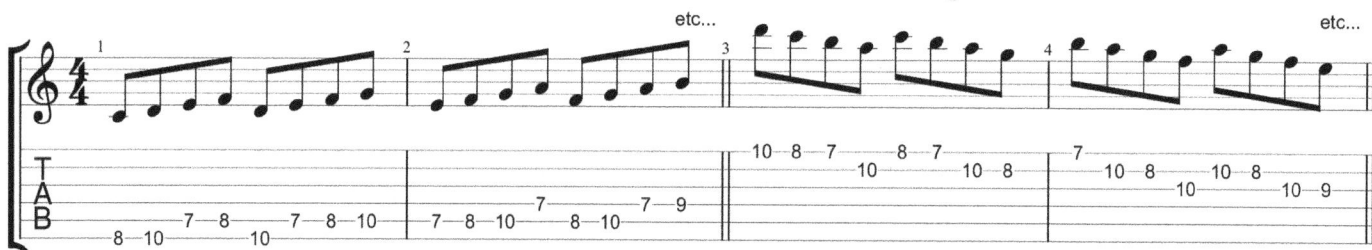

Você provavelmente já conhece bem esse padrão do desenho 1, então não deve ser muito difícil aplicar essa ideia ao desenho 2. Se você estiver indo bem lendo a parte de cima da notação, certifique-se de dar uma rápida olhada na linha da tablatura para ver onde a sequência é tocada.

O padrão do exercício 1a é tocado no desenho 2 da seguinte forma:

Exercício 1l:

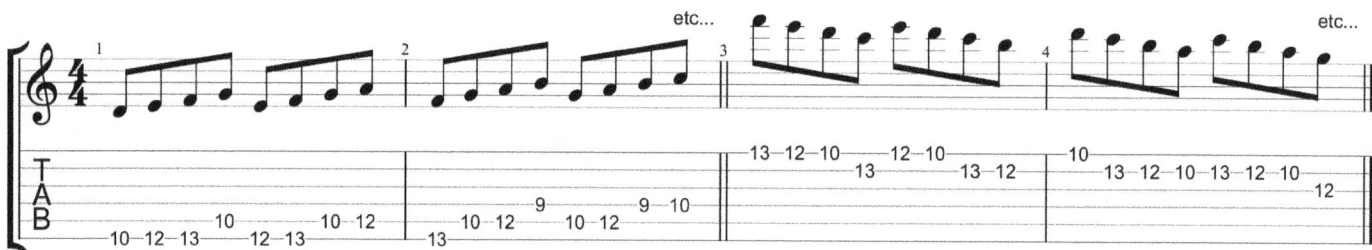

Repita esse processo para todos os outros desenhos.

Há alguns jeitos de organizar o seu treinamento aqui. O meu conselho seria pegar apenas uma sequência por todos os cinco desenhos antes de passar para o próximo, ao invés de aplicar todas as sequências em um desenho antes de continuar.

Isso pode parecer uma quantidade grande de trabalho, mas é mais simples do que você imagina. Ao se concentrar em apenas uma sequência melódica e aplicá-la em todos os desenhos, o contorno da melodia chegará mais rápido aos seus ouvidos, e você começará a sentir mais facilidade a cada novo desenho. Claro, ajuda se você perder algum tempo memorizando cada um dos cinco desenhos de escala antes de aplicar as sequências.

A tabela a seguir irá ajudá-lo a se organizar na hora de praticar cada desenho de escala e cada padrão.

Padrão	Dia 1	Dia 2	Dia 3	Dia 4	Dia 5	Dia 6	Dia 7
A	Todos os Desenhos	x (descanso)	Todos os Desenhos	x	Todos os Desenhos	x	Todos os Desenhos
B	Todos os Desenhos	x	Todos os Desenhos	x	Todos os Desenhos	x	Todos os Desenhos
C	Todos os Desenhos	x	Todos os Desenhos	x	Todos os Desenhos	x	Todos os Desenhos
D	x	Todos os Desenhos	x	Todos os Desenhos	Todos os Desenhos	x	Todos os Desenhos
E	x	Todos os Desenhos	x	Todos os Desenhos	Todos os Desenhos	x	Todos os Desenhos
F	x	Todos os Desenhos	x	Todos os Desenhos	Todos os Desenhos	x	Todos os Desenhos
G	x	x	Todos os Desenhos	x	x	Todos os Desenhos	Todos os Desenhos
H	x	x	Todos os Desenhos	x	x	Todos os Desenhos	Todos os Desenhos
I	x	x	Todos os Desenhos	x	x	Todos os Desenhos	Todos os Desenhos
J	x	x	x	Todos os Desenhos	x	Todos os Desenhos	Todos os Desenhos
K	x	x	x	Todos os Desenhos	x	Todos os Desenhos	Todos os Desenhos

É importante que você também use conscientemente esses padrões nos seus treinamentos de improvisação. Conhecimento e fluência em escalas é muito importante, mas lembre-se que o propósito de qualquer exercício de técnica é melhorar a sua musicalidade. Pegue as suas sequências favoritas e use-as no Capítulo Cinco.

Usar essas ideias sequenciais em seus solos soará forçado e não natural no começo. Elas sairão como um polegar dolorido. Com treinamento contínuo, elas se tornarão gradualmente mais naturais, e uma parte vital do seu vocabulário melódico.

Construindo Velocidade e Fluência

Neste livro, cada sequência ou padrão é escrito em colcheias, por motivos de clareza e conveniência, mas eles também podem ser dobrados e tocados em semicolcheias. Os passos a seguir irão ajudá-lo tanto a aumentar a velocidade do seu metrônomo quanto a introduzir as semicolcheias na sua execução.

Comece com a sequência a seguir:

Você deve ser capaz de tocar esse exemplo com clareza a 60 bpm antes de tentar os passos subsequentes.

Coloque o metrônomo em 60 bpm e grave-se tocando o exemplo acima quatro vezes.

Ouça a sua gravação. Se as notas estiverem igualmente espalhadas através da batida, aumente o metrônomo em 8 bpm.

Quando atingir 100 bpm, diminua a velocidade do metrônomo para 50 bpm, mas aumente a velocidade das notas, tocando semicolcheias a 50 bpm. Matematicamente, você estará tocando tão rápido quanto se estivesse tocando colcheias a 100 bpm.

Exercício 1m: (Exercício A tocado com semicolcheias)

A partir de 50 bpm, tente aumentar gradualmente a velocidade do seu metrônomo até alcançar em torno de 100 - 120 bpm.

Esse método irá ajudá-lo a construir velocidade e técnica com grande rapidez. Lembre-se, o objetivo maior é confiança e fluência em uma velocidade razoável, mas essa velocidade é única para você. Tente tocar cada exercício todos os dias ao invés de passar semanas tentando tocar o mesmo exercício a 200 bpm.

Essa abordagem é esmiuçada na agenda de exercícios da página 14.

Conforme suas habilidades forem se desenvolvendo, cada exercício levará apenas alguns segundos para ser tocado. Você será capaz de subir e descer por cada exercício nesse capítulo em menos de quatro minutos, se tocar em semicolcheias a 90 bpm.

É importante bater o seu pé. Pode parecer simples, mas fazer do pulso um movimento físico do seu corpo vai te ajudar a tocar com mais precisão. Se você não conseguir bater o pé no tempo certo no começo, diminua a batida e pratique com cuidado até você conseguir.

Você pode baixar os áudios gratuitamente aqui:

www.fundamental-changes.com/download-audio

Capítulo Dois: Intervalos

Um *intervalo* é o nome dado à distância entre duas notas. A distância de C para D é uma 2ª. A distância de C para E é uma 3ª. Tocar em intervalos ao invés de subir e descer através de escalas é um jeito importante de introduzir pulos e saltos nas melodias. Esses saltos podem ser pequenos - por exemplo, uma 3ª - ou podem ser maiores, como uma 6ª.

Praticar intervalos é bastante útil para melhorar sua técnica, porque fazer saltos mais "largos" envolve pular cordas e digitações esquisitas. Entretanto, o benefício real é auricular. Guitarristas geralmente praticam apenas escalas, e ao fazê-lo acabam treinando seus ouvidos apenas para ouvir melodias lineares. Forçando-nos a introduzir saltos intervalares em nossos treinamentos, nós também treinamos nossos ouvidos a ouvir novas ideias melódicas, que se incorporam naturalmente à nossa execução. Lembre-se, você é o que você pratica.

Um intervalo pode ser tocado tanto subindo ou descendo, e esses direções podem ser combinadas em sequências. Por exemplo, o primeiro salto intervalar pode subir, e o próximo descer. Padrões longos dessas permutações podem ser agrupados. Isso é mostrado no exercício 2j, onde você toca uma sequência de duas 3ªs ascendentes e então uma 3ª descendente.

Também é possível alterar o ritmo desses padrões. Tocar padrões de intervalos de duas notas em tercinas cria um efeito rítmico interessante.

Comece aprendendo os padrões de saltos intervalares de terças por todas as oitavas. Use a seguinte rotina para organizar o seu treinamento.

Padrão	Dia 1	Dia 2	Dia 3	Dia 4	Dia 5	Dia 6	Dia 7
A *	♪♩@60	♪♩@80	♪♩@100	♫♫@50	♫♫@75	♫♫@90	♫♫@100
B*	♪♩@60	♪♩@80	♪♩@100	♫♫@50	♫♫@75	♫♫@90	♫♫@100
C	♪♩@60	♪♩@80	♪♩@100	♫♫@50	♫♫@75	♫♫@90	♫♫@100
D*	♪♩@60	♪♩@80	♪♩@100	♫♫@50	♫♫@75	♫♫@90	♫♫@100
E	♪♩@60	♪♩@80	♪♩@100	♫♫@50	♫♫@75	♫♫@90	♫♫@100
F	♪♩@60	♪♩@80	♪♩@100	♫♫@50	♫♫@75	♫♫@90	♫♫@100

Exercício 2a: *

Exercício 2b: *

B 4ths

etc... etc...

4/4

TAB
```
                                          10   8   7
                                       10   8       10        8
                                7   9                    10    9        7  10         9      7
                   8       10  7      10  7   9   10                  10          9     7
      8    10                                                                              7
   8     10
```

Exercício 2c:

C 5ths

etc... etc...

4/4

TAB
```
                                               8          10   8   7
                                                        8                8
                        7   9   10          7   9   10          10    9      7          10   9   7
        10          7       8       10  7                                    10    9      7
     8     10                                                                                  10
```

Exercício 2d: *

D 6ths

etc... etc...

4/4

TAB
```
                                          8   10      10   8   7
                                                              10              8
                 7          9   10  7   9   10          10   9      7             10   9     7
      7   9   10      8          10                                      10    9      7    10    8
   8     10
```

Exercício 2e:

E 7ths

etc... etc...

4/4

TAB
```
                                       7   10      10   8   7
                                8   10                        10             8
               7       9          10          9   7       10          10   9     7
      9    10      7   8      10      7   9   10                       7            10   9   7
   8     10                                                                        10   8   7
```

Exercício 2f:

Conforme mencionado anteriormente, é possível combinar saltos intervalares em direções distintas para criar ideias melódicas bem interessantes. Ao inverter os intervalos e combinar grupos de três ou mais saltos em uma sequência, nós abrimos um amplo espectro de possibilidades musicais. Esses exercícios também aumentam dramaticamente nossa familiaridade com o desenho da escala e aumentam nossa confiança e fluência quando solamos.

Os padrões, permutações e variações rítmicas a seguir são todos baseados em intervalos de terças. Entretanto, você também deve aprender essas sequências com outros saltos intervalares (quartas, quintas, sextas, etc.). Eu sugiro que você passe uma semana aprendendo os exemplos a seguir com terças, antes de prosseguir para usar cada ideia melódica com um intervalo diferente.

Use a tabela a seguir para organizar seu treinamento de forma eficiente.

Padrão	Dia 1	Dia 2	Dia 3	Dia 4	Dia 5	Dia 6	Dia 7
G*	♪♪@60	♪♪@80	♪♪@100	♪♪♪♪@50	♪♪♪♪@75	♪♪♪♪@90	♪♪♪♪@100
H*	♪♪@60	♪♪@80	♪♪@100	♪♪♪♪@50	♪♪♪♪@75	♪♪♪♪@90	♪♪♪♪@100
I	♪♪@60	♪♪@80	♪♪@100	♪♪♪♪@50	♪♪♪♪@75	♪♪♪♪@90	♪♪♪♪@100
J*	♪♪@60	♪♪@80	♪♪@100	♪♪♪♪@50	♪♪♪♪@75	♪♪♪♪@90	♪♪♪♪@100
K	♪♪@60	♪♪@80	♪♪@100	♪♪♪♪@50	♪♪♪♪@75	♪♪♪♪@90	♪♪♪♪@100
L*	♪♪♪³@60	♪♪♪³@80	♪♪♪³@100	♪♪♪♪♪♪⁶@50	♪♪♪♪♪♪⁶@60	♪♪♪♪♪♪⁶@70	♪♪♪♪♪♪⁶@80
M*	♪♪♪³@60	♪♪♪³@80	♪♪♪³@100	♪♪♪♪♪♪⁶@50	♪♪♪♪♪♪⁶@60	♪♪♪♪♪♪⁶@70	♪♪♪♪♪♪⁶@80

Exercício 2g: (terças invertidas) *

Exercício 2h: (um sobe, o outro desce) *

Exercício 2i: (um desce, o outro sobe)

Exercício 2j: (dois sobem, um desce) *

Exercício 2k: (dois descem, um sobe)

Exercício 2l: (em tercinas - soa como 2 contra 3) *

Exercício 2m: (um sobe, o outro desce, em tercinas. soa como 6 contra 3) *

Todas essas ideias podem ser aplicadas a outros intervalos. Por exemplo, aqui vai o exercício 2g tocado em quartas:

Exercício 2n: (quartas invertidas)

Use a tabela a seguir para planejar o seu treinamento durante algumas semanas. Conforme você for progredindo, você vai perceber que só precisa dar uma breve revisada nos primeiros intervalos, de modo que você possa passar mais tempo trabalhando nas sequências mais difíceis. Essa rotina pode não ser perfeita para você, então mantenha um registro do seu progresso e priorize os intervalos e sequências dos quais você mais gosta.

Padrão	Dia 1	Dia 2	Dia 3	Dia 4	Dia 5	Dia 6	Dia 7
G	4as ♫	4as ♬♬	5as ♫	6as ♫	6as ♬♬	7as ♫	8as ♫
H	4as ♫	4as ♬♬	5as ♫	6as ♫	6as ♬♬	7as ♫	8as ♫
I	4as ♫	4as ♬♬	5as ♫	6as ♫	6as ♬♬	7as ♫	8as ♫
J	4as ♫	4as ♬♬	5as ♫	6as ♫	6as ♬♬	7as ♫	8as ♫
K	4as ♫	4as ♬♬	5as ♫	6as ♫	6as ♬♬	7as ♫	8as ♫
L	4as ♫³	4as ♬♬⁶	5as ♫³	6as ♫³	6as ♬♬⁶	7as ♫³	8as ♫³
M	4as ♫³	4as ♬♬⁶	5as ♫³	6as ♫³	6as ♬♬⁶	7as ♫³	8as ♫³

Quando você tiver desenvolvido uma compreensão de como essas estruturas melódicas funcionam na posição 1 da escala Maior, aplique essas ideias aos outros quatro desenhos da escala Maior.

Assim que você tiver construído sua confiança em uma ideia, use-a com as ideias criativas do Capítulo Cinco.

Capítulo Três: Tríades

Empilhe duas terças e você terá uma tríade.

Dividir escalas usando tríades é mais desafiador do que usar terças, porque agora nós estaremos pré-visualizando duas notas ao invés de uma. Há potencial para várias permutações melódicas de sequências de tríades, já que agora estamos lidando com três notas em cada sequência.

Esse livro não é sobre possibilidades matemáticas, então os exemplos a seguir são as aplicações de tríades mais úteis, imediatadas e *musicais*. Eu sugeriria se fixar nesses, mas se você tiver muito tempo livre após terminar esse livro, talvez você queira explorar mais.

Muito embora essas tríades sejam formadas por 3as empilhadas, não existe nenhuma razão em particular para você não empilhar 4as e 5as. Essas ideias estão bem além do escopo desse livro, mas se você tiver uma mente matemática e curiosa, essas permutações podem ser algo a ser investigado. Porém, segue um aviso: *mantenha em mente o objetivo final de fazer música*!

As abordagens inclusas nesse livro são úteis e musicais. Quando você começar a explorar o empilhamento de 4as, 5as e afins, as melodias que você criar podem se tornar angulares e desarticuladas. A música tem se baseado em escalas, intervalos, tríades e arpejos por centenas de anos, então eu aconselharia dominar esse vocabulário antes de lançar uma carreira no fusion experimental.

Como as tríades são uma estrutura de três notas, geralmente elas são ensinadas em tercinas. Tocar tercinas é uma abordagem bem útil no começo, mas um monte de padrões interessantes podem ser feitos usando ritmos baseados em colcheias ou semicolcheias. Também é possível tocar quatro notas em uma sequência de tríade, como você pode ver no exercício 3o. Ao tocar uma das notas da tríade duas vezes, você pode criar uma grande variedade de melodias interessantes.

Exercício 3a: (subindo) *

Exercício 3b: (descendo) *

Exercício 3c: (combinado) *

Exercício 3d: (alto, baixo, meio) *

Exercício 3e: (meio, alto, baixo)

Exercício 3f: (padrão de quatro notas, com a nota mais grave dobrada) *

Exercício 3g: (padrão de quatro notas, com a nota do meio dobrada)

Exercício 3h: (padrão de quatro notas, com a nota mais grave dobrada)

Exercício 3i: (fpadrão de quatro notas, com a nota do meio dobrada)

Exercício 3j: (padrão de quatro notas, com a nota de cima dobrada) *

Exercício 3k: (subindo, 3 contra 2) *

Exercício 3l: (descendo, 3 contra 2)

Exercício 3m: (combinado, 3 contra 2)

Exercício 3n: (combinado inverso, 3 contra 2)

Como eu mencionei antes no começo desse capítulo, é possível empilhar 4as e outros intervalos em estruturas de tríades. Vale a pena explorar essas ideias, mas seu resultado pode variar! O exemplo a seguir mostra como você pode empilhar 4as em uma estrutura de tríade:

Exercício 3o:

Quando você começar a dominar os padrões de tríades no desenho 1 da escala Maior, transfira-os imediatamente para os outros quatro padrões. Você vai descobrir que a sua fluência no braço da guitarra aumentará dramaticamente com pouquíssimo esforço. Devido aos seus amplos saltos intervalos, tercinas são algumas das melhores divisões de escalas para praticar técnica, fluência e visão na guitarra.

Mais uma vez, a coisa mais importante que você pode fazer é passar algum tempo incorporando as ideias de tercinas à sua execução. Isso é feito através de um treinamento deliberadamente criativo. Então, assim que você tiver um bom comando de uma ou duas ideias de tercinas, use as técnicas do Capítulo Cinco para trazer algumas dessas ideias à sua execução.

Capítulo Quatro: Arpejos

Quando você estiver confiante em relação às tríades, o próximo passo é estudar como usar um arpejo (quatro notas) para formar escalas. Assim como as tríades, os arpejos são formados pelo empilhamento de terças.

Arpejos são formados empilhando três terças:

A distância entre a primeira e a última nota de um arpejo forma um intervalo de sétima. Por conta das distâncias maiores envolvidas, arpejos geralmente são mais tecnicamente desafiadores de se tocar do que as tríades. Geralmente, a nota seguinte da sequência pode estar a alguma distância no braço da guitarra. Por causa disso, o seu conhecimento da escala, sua perspicácia e técnica melhorarão dramaticamente ao trabalhar esses padrões.

Pelo simples fato de adicionar uma nota extra à tríade, o número de padrões e sequências disponíveis em um arpejo aumenta enormemente. Claro, é possível exaurir cada possível arranjo para essas quatro notas em semicolcheias e tercinas, mas a simples verdade é que nem toda permutação é útil para nós. Os padrões a seguir são aqueles que eu acredito ser mais úteis, imediatos e musicais, mas os seus ouvidos talvez possam discordar. Depois que a maioria dos padrões de arpejos estiver na ponta dos seus dedos, sinta-se livre para experimentar e encontrar novas possibilidades.

Já que os exercícios a seguir são um pouco difíceis, certifique-se de trabalhá-los lentamente em cada padrão. Os padrões de arpejo mais importantes estão marcados com asterisco, então se concentre em dominá-los e usá-los de forma criativa antes de trabalhar em permutações mais difíceis e incomuns.

Lembre-se que esses padrões não são passados apenas para treinar seus dedos e desenvolver fluência no braço da guitarra; eles foram feitos para abrir os seus ouvidos para novas possibilidades melódicas. Enquanto velocidade e fluência são objetivos úteis, que podem ajudá-lo a medir o seu progresso, um objetivo mais musical seria trabalhar a incorporação dessas ideias às suas improvisações, trazendo-as naturalmente para o seu som.

Sequências de arpejos de quatro notas tendem a ser mais comuns no jazz e no fusion, mas mesmo que você não seja muito fã desses estilos, praticar sequências de arpejos é um dos melhores jeitos para dominar um desenho de escala. Você é forçado a visualizar e ouvir grandes distâncias musicais, que realmente testarão o seu conhecimento da escala até que você conheça aquele desenho como a palma da sua mão.

Assim como em todas as estruturas desse livro, assim que você começar a entender e dominar uma sequência em particular no desenho 1 do padrão de escala, certifique-se de transferi-la para os outros quatro padrões da escala Maior.

A tabela a seguir ajudará a organizar o seu tempo de treinamento.

Padrão	Dia 1	Dia 2	Dia 3	Dia 4	Dia 5	Dia 6	Dia 7
A *	♫@60	♫@70	♫@80	♬@50	♬@60	♬@70	♬@80
B*	♫@60	♫@70	♫@80	♬@50	♬@60	♬@70	♬@80
C	♫@60	♫@70	♫@80	♬@50	♬@60	♬@70	♬@80
D	♫@60	♫@70	♫@80	♬@50	♬@60	♬@70	♬@80
E	♫@60	♫@70	♫@80	♬@50	♬@60	♬@70	♬@80
F	♫@60	♫@70	♫@80	♬@50	♬@60	♬@70	♬@80
G*	♪³@60	♪³@70	♪³@80	♬⁶@50	♬⁶@55	♬⁶@60	♬⁶@65
H*	♪³@60	♪³@70	♪³@80	♬⁶@50	♬⁶@55	♬⁶@60	♬⁶@65
I*	♪³@60	♪³@70	♪³@80	♬⁶@50	♬⁶@55	♬⁶@60	♬⁶@65
J	♪³@60	♪³@70	♪³@80	♬⁶@50	♬⁶@55	♬⁶@60	♬⁶@65

Exercício 4a: (subindo) *

Exercício 4b: (descendo) *

Exercício 4c: (subindo e descendo)

Exercício 4d: (descendo e subindo)

Exercício 4e: (baixo para cima, então descendo)

Exercício 4f: (descendo + salto)

Exercício 4g: (4 contra 3, subindo)

Exercício 4h: (4 contra 3, descendo)

Exercício 4i: (4 contra 3, subindo e então descendo) *

Exercício 4j: (4 contra 3, descendo e então subindo)

Apesar de os padrões de arpejos serem tecnicamente desafiadores, eles irão melhorar bastante a sua fluência no braço da guitarra.

Capítulo Cinco: Treinamento Criativo

Aprender e usar novas palavras pode ser difícil em qualquer linguagem, e a música não é exceção. Sempre há um momento estranho onde novas frases serão usadas pela primeira vez em uma conversa, e elas soarão óbvias e anormais no começo.

O segredo para progredir, seja na linguagem, seja na música, é se *forçar* a aplicar novas frases no seu discurso atual. Enquanto essas novas frases irão se destacar no começo, com o passar do tempo elas se tornarão uma parte natural da sua linguagem. Quanto mais você praticar incorporar novas frases à sua música, mais fácil esse processo se tornará.

Nesse capítulo, nós daremos uma olhada em como incorporar algumas das estruturas melódicas dos capítulos anteriores à sua execução, e como usá-las como um trampolim para criar novas e interessantes melodias.

Não há um jeito "certo" de começar a incorporar novas estruturas melódicas à sua execução para que elas soem naturais, mas se eu fosse forçado a seguir uma rotina, eu faria deste jeito:

1. Por cima de uma faixa de apoio, toque uma melodia ou lick simples.

2. Toque um fragmento *pequeno* da estrutura melódica escolhida, que comece no tom do acorde.

3. Resolva a estrutura de um modo que soe natural e musical.

Ao começar com uma frase musical definida, nós não precisamos nos preocupar em como iniciar o processo criativo, "montando" a segunda parte do processo.

O passo dois é onde a estrutura melódica escolhida é utilizada. Permaneça com uma ideia de cada vez e tente manter o padrão curto. No início, comece a estrutura ou padrão no acorde tônico. Por exemplo, se estiver no tom de Dó, comece a frase com uma nota Dó, Mi ou Sol. Depois que se acostumar em usar um padrão em particular, você pode começar a alterar o ritmo e fraseado da linha.,

Depois de algumas batidas tocando a estrutura, resolva-a de qualquer jeito que soe natural. Confie nos seus ouvidos nesse momento. Não se preocupar em como a linha irá se resolver reduz a pressão enquanto você pratica. Gradualmente, o seu ouvido irá melhorar e você encontrará resoluções com mais facilidade.

Nós iremos trabalhar no tom de Dó, usando a faixa de apoio 2. Para manter as coisas simples, nós iremos utilizar as sequências melódicas do exercício1a, embora essa abordagem funcione com qualquer padrão de sequência, intervalo, tríade ou arpejo.

Certifique-se de estar familiarizado com a sequência antes de prosseguir.

Agora que você sabe qual estrutura melódica você estará praticando, coloque a faixa de apoio 2 e tire um lick simples e pequeno para usar como ponto de partida. Licks de pentatônica são uma boa pedida aqui. Para começar, tente a linha a seguir:

Exercício 5a:

Agora você sabe como iniciará a rotina de treinamento.

Toque o lick acima sobre a faixa de apoio 2 e toque um *pequeno* fragmento da sequência melódica, começando em um tom do acorde. Nesse caso, a sequência começa da nota tônica (Dó). Resolva a linha de qualquer jeito que soe apropriado.

Exercício 5b:

Como você pode ver, apenas uma pequena parte da sequência foi usada, e embora ela possa parecer um pouco forçada agora, é assim que você invoca os padrões, de forma consciente, no seu som.

Use a mesma linha mais algumas vezes, mas busque jeitos diferentes de resolvê-la antes de explorar a mesma sequência, começando de um ponto diferente da escala.

Exercício 5c:

Como você pode ver, há um número praticamente ilimitado de lugares onde você pode começar e terminar esse tipo de sequência. A sua colocação vai depender do lick que você usar para começar o improviso e quais acordes estarão tocando.

Tente começar com um lick próprio e toque com faixas de apoio de estilos diferentes, enquanto permanece com a mesma ideia de sequência melódica. Certifique-se de que você pode tocar em diferentes áreas do braço da guitarra.

Seja organizado e metódico no seu treinamento e fique com uma única sequência melódica por alguns dias antes de seguir para a próxima. Desse jeito, você encontrará várias formas de incorporar o padrão, de forma natural, ao seu som.

O próximo passo para usar esses padrões criativamente é experimentar com o *ritmo* da sequência melódica. Não há necessidade em tocar uma sequência em apenas um ritmo, e ao quebrá-lo em notas maiores você treinará os seus ouvidos para improvisar em qualquer padrão melódico.

Pegando uma ideia semelhante ao exercício 5b, observe como eu uso ritmos diferentes para quebrar a frase:

Exercício 5d:

O ritmo de uma sequência ou padrão melódico pode ser quebrado em praticamente qualquer forma imaginável. Se você sentir que o ritmo faz com que você mude de padrão, então o siga! Lembre-se, toda a questão sobre essas estruturas melódicas é ensinar os seus ouvidos a ouvir ideias musicais distintas, e não ficar preso em padrões.

A linha a seguir utiliza uma variação não planejada e ritmicamente alterada da sequência, que então se morfa em uma ideia inteiramente nova.

Exercício 5e:

Outra ideia que você pode tentar é deslocar a sequência, de modo que ela comece antes ou depois da batida.

Exercício 5f: (antes)

Exercício 5g: (depois)

Uma técnica que você pode experimentar é palhetar mais de uma vez em certas notas do padrão. Ao fazer isso, você irá deslocar e alterar a sequência naturalmente, levando a algumas frases melódicas únicas.

Exercício 5h:

Um jeito de criar ideias mais elaboradas é combinar diferentes tipos de estrutura melódica. Por exemplo, nós podemos misturar a sequência anterior com outra estrutura, como terças. Antes de continuar, certifique-se de estar confortável em tocar o exercício 2a.

Exercício 5i:

Como um exercício final, tente adicionar um grande salto melódico no final de cada sequência de escala. Aqui vai apenas uma de milhões de possibilidades.

Exercício 5j:

Existem várias outras abordagens que você pode seguir para explorar essas ideias criativamente, mas as ideias nesse capítulo deverão dar um bom ponto de partida. Elas podem ser aplicadas a qualquer padrão de escala, intervalo, tríade ou arpejo dos quatro capítulos anteriores.

A chave é ter um ponto de partida definido, para então introduzir um pequeno fragmento de sequência melódica de cada vez. Explore essas ideias a partir de cada nota da escala.

Capítulo Seis: Aplicação em Outras Escalas

Até agora, esse livro focou na construção de padrões melódicos e habilidades no braço da guitarra usando os cinco desenhos da escala *Maior*. Entretanto, existem outras duas escalas "pai" de sete notas das quais derivam diferentes modos. As escalas modais mais importantes são a escala Melódica Menor e a escala Harmônica Menor.

Pode parecer assustador pensar em outro conjunto de sete modos para cada uma das escalas Melódica e Harmônica Menor, mas, felizmente, apenas alguns desses modos são usados com frequência para além do jazz moderno ou fusion. Claro que, se o fusion for o seu estilo preferido, os modos dessas escalas podem ser de seu interesse. Há um bom número de excelentes livros sobre teoria Melódica Menor, e eu te encorajo a explorar esses interessantes sons em um ambiente criativo.

Embora você provavelmente só utilizará as escalas "pai" e alguns de seus modos, é essencial dominar esses padrões por todo o braço da guitarra, assim como você fez com os desenhos da escala Maior. Mais uma vez, os sete modos da escala Melódica Menor são derivados da escala Melódica Menor, e o mesmo se aplica à escala Harmônica Menor. Assim como na escala Maior, há cinco padrões de escalas para serem aprendidos em cada escala Menor. Você aprenderá como usar esses desenhos para criar modos diferentes na Parte Dois.

Também é extremamente importante explorar a escala Pentatônica Menor, já que ela é a mais utilizada no blues moderno, no pop e no rock. Apesar de ela não formar modos tradicionais, muitos guitarristas geralmente se sentem à vontade com apenas uma ou duas de suas posições. As abordagens dos capítulos anteriores podem ser facilmente adaptadas à escala Pentatônica Menor, especialmente as ideias sequenciais e intervalares.

Desenhos de Pentatônica Menor

Nós começaremos explorando a escala Pentatônica Menor e veremos como utilizar as abordagens anteriores para conhecê-la melhor. Como a escala Pentatônica Menor possui apenas cinco notas, nós precisamos pensar um pouco diferente ao usar essas abordagens - embora os conceitos anteriores possam ser aplicados diretamente às escalas Melódica e Harmônica Menor de sete notas.

No tom de Dó, os cinco desenhos da escala Pentatônica Menor são estes:

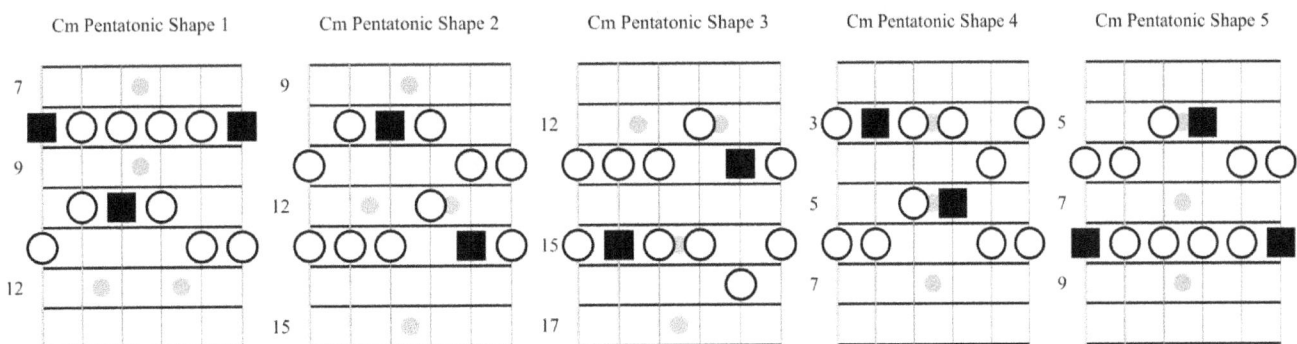

Ao serem combinados juntos no braço da guitarra, a escala Pentatônica Menor de Dó fica assim:

Cm Pentatonic

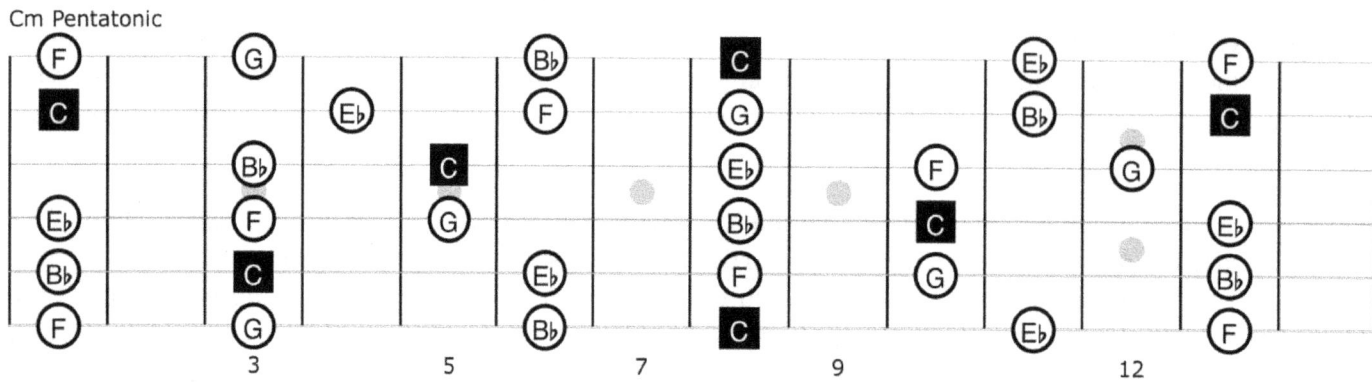

A escala Pentatônica Menor não contém 2as ou 6as: sua fórmula é 1 b3 4 5 b7.

Como essas escalas não possuem sete notas, estruturas de tríades e arpejos se tornam difíceis. Entretanto, elas são bem adequadas para sequências melódicas e abordagens intervalares, embora apresentem um alcance reduzido de possibilidades.

As ideias a seguir são as ideias mais úteis de sequências e intervalos para você explorar com a escala Pentatônica Menor. Todas elas estão escritas em colcheias, mas você também deve experimentá-las em tercinas, para criar os grooves que você aprendeu nos capítulos anteriores.

Comece utilizando as ideias a seguir apenas na primeira posição da escala Pentatônica Menor de Dó antes de aplicá-las aos outros quatro desenhos. O esquema a seguir vai ajudá-lo a organizar seu treinamento:

Padrão	Dia 1	Dia 2	Dia 3	Dia 4	Dia 5	Dia 6	Dia 7
A*	♫@60	♫@80	♫@100	♬@50	♬@75	♬@90	♬@100
B*	♫@60	♫@80	♫@100	♬@50	♬@75	♬@90	♬@100
C	♫@60	♫@80	♫@100	♬@50	♬@75	♬@90	♬@100
D*	♫@60	♫@80	♫@100	♬@50	♬@75	♬@90	♬@100
E*	♫@60	♫@80	♫@100	♬@50	♬@75	♬@90	♬@100
F	♫@60	♫@80	♫@100	♬@50	♬@75	♬@90	♬@100
G*	♪³♪@60	♪³♪@80	♪³♪@100	♬⁶♬@50	♬⁶♬@60	♬⁶♬@70	♬⁶♬@80
H	♪³♪@60	♪³♪@80	♪³♪@100	♬⁶♬@50	♬⁶♬@60	♬⁶♬@70	♬⁶♬@80
I*	♪³♪@60	♪³♪@80	♪³♪@100	♬⁶♬@50	♬⁶♬@60	♬⁶♬@70	♬⁶♬@80
J*	♫@60	♫@80	♫@100	♬@50	♬@75	♬@90	♬@100
K*	♫@60	♫@80	♫@100	♬@50	♬@75	♬@90	♬@100

Exercício 6a: (subindo) *

Exercício 6b: (descendo) *

Exercício 6c: (três subindo)

Exercício 6d: (padrão de rock)

Exercício 6e: (padrão de rock 2) *

Exercício 6f: (dentro e fora)

Exercício 6g: (tercinas) *

Exercício 6h: (dentro e fora)

Exercício 6i: (4 contra 3) *

Exercício 6j: (4as) *

Exercício 6k: (subindo e descendo em 4as) *

Não se esqueça de ser criativo com as ideias de Pentatônica Menor usando as abordagens do Capítulo Cinco.

Desenhos de Escala Melódica Menor

Todos os padrões de sequências, intervalos, tríades e arpejos que você aprendeu com os desenhos de escala Maior podem ser aplicados às escalas Melódica e Harmônica Menor.

Para ilustrar isso, eu te mostrarei como aplicar um padrão de sequência, um de intervalo, um de tríade e um de arpejo dos capítulos anteriores ao desenho 1 da escala Melódica Menor.

Comece aprendendo a tocar o primeiro desenho da escala Melódica Menor:

Exercício 6l:

C M.Minor Shape 1

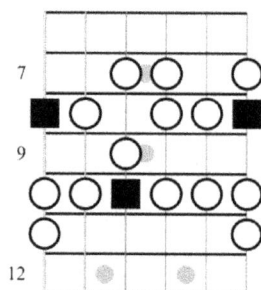

Vamos aplicar o padrão de sequência do exercício 1a à escala Melódica Menor. Para refrescar sua memória, a sequência na escala Maior era esta:

Se nós aplicarmos o mesmo desenho de sequência à escala Melódica Menor, nós teremos:

Exercício 6m:

Como você pode ver e ouvir, a sequência de quatro notas ascendentes é a mesma em ambos os exemplos, mas as notas são diferentes por conta da construção da escala. Os exemplos a seguir mostram como usar as primeiras sequências de intervalos, tríades e arpejos dos capítulos anteriores com a escala Melódica Menor.

Você deve aplicar o resto dos padrões de cada um desses capítulos sozinho, usando as agendas de treinamento dos capítulos anteriores como auxílio para organizar sua abordagem. Comece aplicando as estruturas melódicas apenas ao desenho 1 da escala Melódica Menor. Porém, conforme você for ganhando confiança, aprenda os outros quatro desenhos de escalas e aplique essas estruturas a cada desenho. Isso é mostrado na página a seguir.

Exercício 6n: (terças no desenho 1 de Melódica Menor)

Exercício 6o: (tríades no desenho 1 de Melódica Menor)

Exercício 6p: (arpejos no desenho 1 de Melódica Menor)

A digitação para a escala Melódica Menor é um pouco mais desafiadora do que a digitação da escala Maior. Porém, pode ser de grande ajuda se você se lembrar de que essas duas escalas são quase idênticas. Você pode visualizar a escala Melódica Menor de Dó como uma escala Maior de Dó com uma b3 (terça bemol).

Fórmula de Dó Maior: 1 2 3 4 5 6 7

Fórmula da Melódica Menor de Dó: 1 2 b3 4 5 6 7

Pode ajudar se você visualizar a escala Melódica Menor como uma escala Maior "ajustada", se você tiver problemas em se lembrar dos desenhos.

Conforme você for ganhando confiança com o desenho 1 da escala Melódica Menor, tente aplicar todas as estruturas Melódicas aos outros quatro desenhos da escala Melódica Menor.

Quer uma ajuda? Aprenda os desenhos da escala Melódica Menor ao redor das "âncoras" dos acordes, mostradas em preto nos diagramas a seguir. Você vai aprender muito mais sobre isso na Parte Dois desse livro.

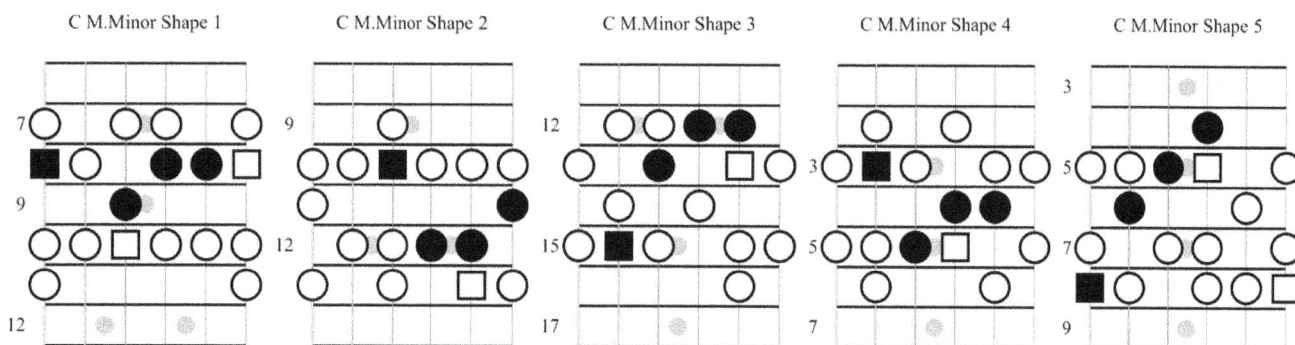

Use as agendas de treinamento dos capítulos anteriores como auxílio para organizar sua abordagem.

Desenhos de Escala Harmônica Menor

Assim como em relação à escala Melódica Menor, todos os padrões dos capítulos anteriores podem ser aplicados à escala Harmônica Menor.

O desenho 1 da escala Harmônica Menor de Dó pode ser tocado desta forma:

Exercício 6q:

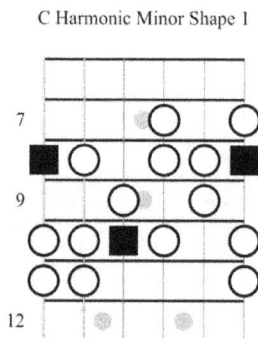

C Harmonic Minor Shape 1

Assim como na escala Melódica Menor, eu lhe mostrarei como aplicar as primeiras ideias dos Capítulos Um, Dois e Três à escala Harmônica Menor.

Exercício 6r: (sequência no desenho 1 de Harmônica Menor)

Exercício 6s: (terças no desenho 1 de Harmônica Menor)

Exercício 6t: (tríades no desenho 1 de Harmônica Menor)

Exercício 6u: (arpejos no desenho 1 de Harmônica Menor)

Conforme você for ganhando confiança com o desenho 1 da escala Harmônica Menor, tente aplicar essas ideias aos outros quatro desenhos da escala.

Vai ajudar se você aprender os desenhos da escala Harmônica Menor ao redor das "âncoras" dos acordes, mostradas em preto nos diagramas a seguir. Você vai aprender muito mais sobre isso na Parte Dois desse livro.

Use as agendas de treinamento dos capítulos anteriores como auxílio para organizar sua abordagem.

Esse capítulo do livro pode parecer muito curto, mas aplicar todas as sequências a todos os desenhos da escala pode levar várias semanas. Não há pressa em dominar tudo, então se certifique de combinar o treinamento dessas ideias com outras áreas criativas e musicais, além da abordagem do sistema CAGED na Parte Dois.

Eu sugeriria passar pelo menos 20 minutos por dia nos padrões deste capítulo. Lembre-se que o real benefício musical vem ao aplicar essas ideias, e não apenas aprendê-las.

Capítulo Sete: Arpejos de Duas Oitavas

No Capítulo Quatro, cada escala foi dividida em fragmentos de arpejos de quatro notas, começando em cada passo da escala. Cada um dos arpejos construído nesses passos da escala também pode ser isolado, e suas notas tocadas em duas oitavas.

Há várias possibilidades de arpejos na música, mas os quatro mais comuns são o Maior 7, Menor 7, Dominante 7 e Dim7b5 (ou "meio diminuto"). Como esses tipos de arpejos são estruturas de quatro notas, nós, mais uma vez, podemos aprender padrões melódicos ao redor de um arpejo, para então aplicar esses padrões aos outros três tipos de arpejos.

Assim como com escalas, há cinco padrões para cada arpejo, mas você tirará mais proveito se focar no desenho 1 para começar, usando essas ideias para fazer música antes de seguir para os outros quatro padrões de cada tipo de arpejo.

Comece aprendendo esses úteis padrões melódicas ao redor do desenho 1 do arpejo de C7 antes de aplicar esses padrões aos outros quatro desenhos de arpejo Maior 7, seguindo para os outros tipos de arpejos.

O desenho 1 de arpejo Maior 7 é tocado desta forma:

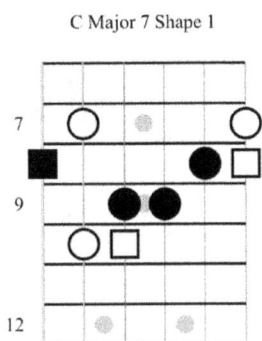

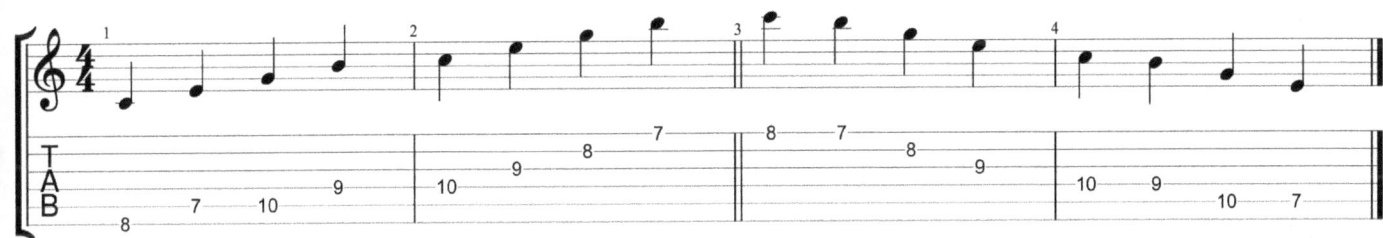

C Major 7 Shape 1

Observe que esse exemplo consiste, *apenas*, das quatro primeiras notas do exercício 4a. Entretanto, ao invés de começar um novo arpejo de quatro notas na segunda nota da escala (D), as quatro notas são repetidas uma oitava acima.

Há várias sequências melódicas possíveis que podem ser construídas ao variarmos a ordem, tão somente, dessas quatro notas. Padrões de arpejos de duas oitavas podem ser tecnicamente desafiadores, mas eles realmente abrem seus ouvidos para alguns padrões musicalmente excitantes, além de ajudarem a desenvolver excelente visão e fluência na guitarra.

As sequências a seguir são as mais úteis para você começar quando der início ao seu plano de domínio dos arpejos de quatro notas sobre duas oitavas.

Exercício 7a: *

Exercício 7b: *

Exercício 7c: *

Exercício 7d:

Exercício 7e:

Exercício 7f:

Exercício 7g:

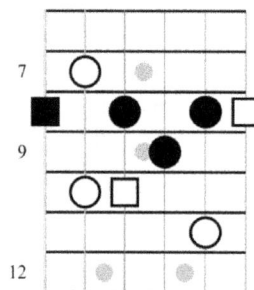

(tablatura e pauta musical do Exercício 7g)

Exercício 7h:

(tablatura e pauta musical do Exercício 7h)

Aplique esses padrões melódicos ao desenho 1 de cada tipo de arpejo (Maior 7, Menor 7, Dominante 7 e Dim7b5).

É desta forma que o exercício 7a seria tocado com o desenho 1 de um arpejo de C Dominante 7.

C7 Shape 1

Exercício 7i:

Tente usar os padrões melódicos dos exercícios 7a - 7h com o arpejo de C7 acima antes de aprendê-los no desenho 1 do Menor 7 (m7) e do Menor 7b5 (m7b5), como mostrado abaixo:

Conforme você começar a ouvir como esses arpejos soam e desenvolver confiança com o desenho 1 de cada arpejo, insira os outros quatro desenhos de cada arpejo à sua rotina de treinamento. Comece memorizando cada desenho de arpejo subindo e descendo, e tente apenas um arpejo de qualidade a cada semana. Por exemplo, na semana 1, trabalhe todos os cinco desenhos do Maior 7, e na semana dois faça todos os desenhos do m7, etc.

Você não precisa negligenciar o seu estudo da semana anterior, já que deve levar apenas alguns minutos para recapitular os outros padrões de arpejos no final da sua rotina de treinamento.

Os cinco desenhos para cada tipo de arpejo são mostrados abaixo. Pratique-os com as faixas de apoio para se acostumar com a sonoridade dessas estruturas em um contexto musical.

Arpejo Maior 7 (faixa de apoio 3)

Arpejo Dominante 7 (faixa de apoio 4)

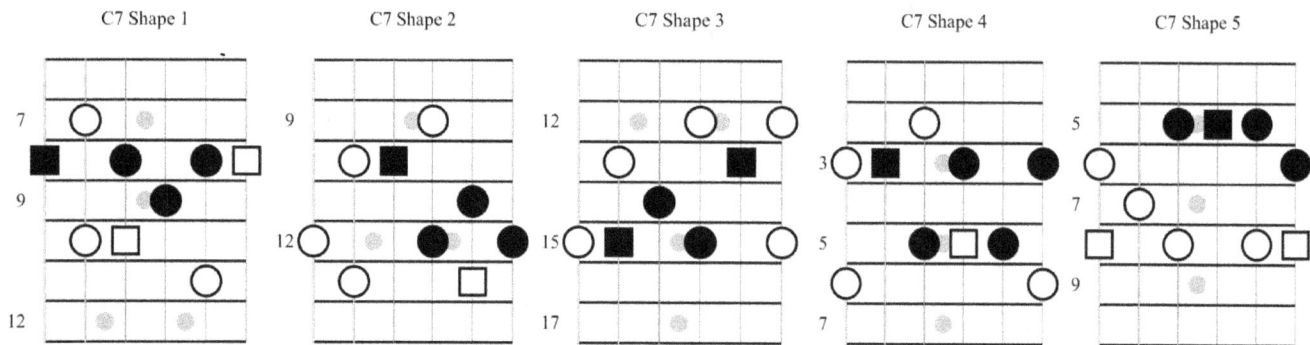

C7 Shape 1   C7 Shape 2   C7 Shape 3   C7 Shape 4   C7 Shape 5

Arpejo Menor 7 (faixa de apoio 5)

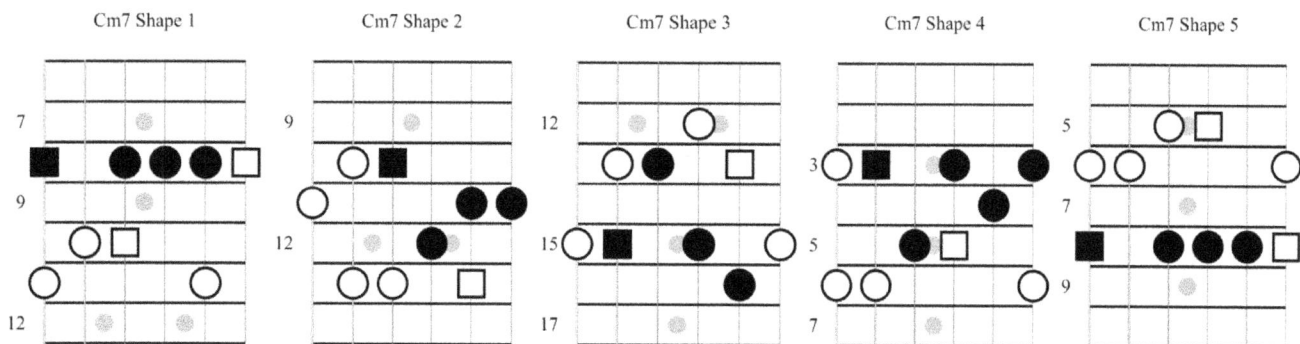

Cm7 Shape 1   Cm7 Shape 2   Cm7 Shape 3   Cm7 Shape 4   Cm7 Shape 5

Arpejo m7b5 (faixa de apoio 6)

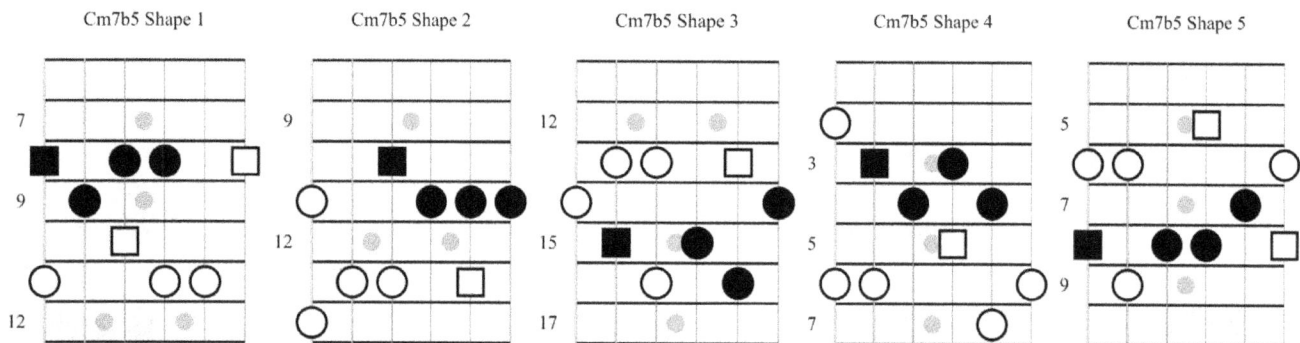

Cm7b5 Shape 1   Cm7b5 Shape 2   Cm7b5 Shape 3   Cm7b5 Shape 4   Cm7b5 Shape 5

Capítulo Oito: Tríades de Duas Oitavas

Assim como os arpejos de quatro notas, nós podemos estudar tríades de três notas isoladamente. Há quatro tipos de tríades: Maior, Menor, Diminuta e Aumentada. Enquanto as tríades Diminutas e Aumentadas são usadas apenas de vez em quando, as tríades Maiores e Menores são as abordagens mais comuns, então eu sugiro que você se concentre exclusivamente nelas no começo.

Os padrões melódicos a seguir são mostrados na primeira posição de Dó Maior. Aprenda-os nessas posições antes de aplicá-los a outros tipos de tríades nas cinco posições:

C Major Triad Shape 1

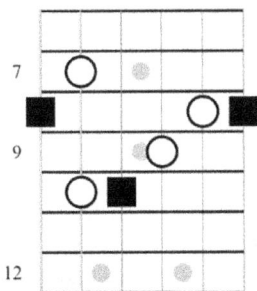

Exercício 8a:

Exercício 8b:

Exercício 8c:

Exercício 8d:

Exercício 8e:

Os quatro tipos de tríades podem ser tocados nas cinco posições desta forma:

Tríades Maiores

C Major Triad Shape 1 C Major Triad Shape 2 C Major Triad Shape 3 C Major Triad Shape 4 C Major Triad Shape 5

Tríades Menores

C Minor Triad Shape 1 C Minor Triad Shape 2 C Minor Triad Shape 3 C Minor Triad Shape 4 C Minor Triad Shape 5

Tríades Diminutas

C Diminished Triad Shape 1   C Diminished Triad Shape 2   C Diminished Triad Shape 3   C Diminished Triad Shape 4   C Diminished Triad Shape 5

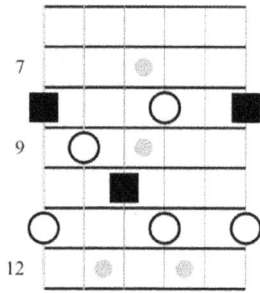

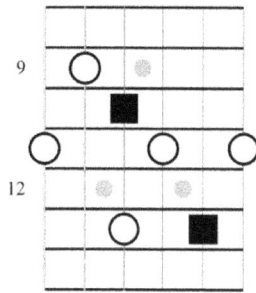

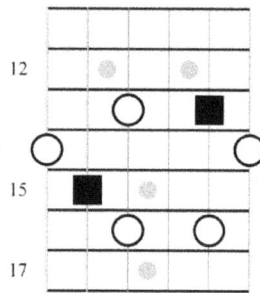

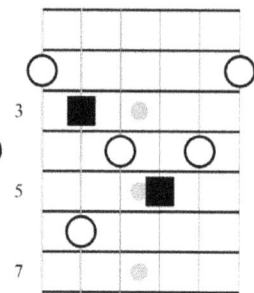

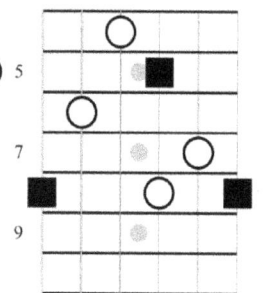

Tríades Aumentadas

C Augmented Triad Shape 1   C Augmented Triad Shape 2   C Augmented Triad Shape 3   C Augmented Triad Shape 4   C Augmented Triad Shape 5

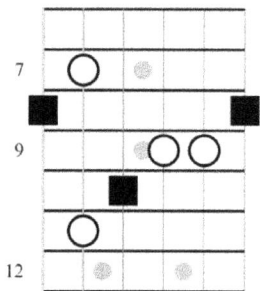

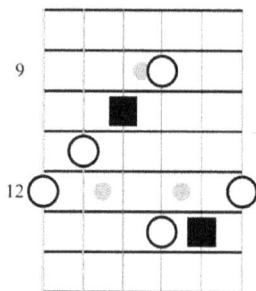

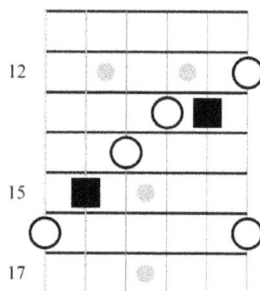

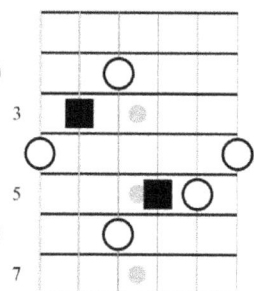

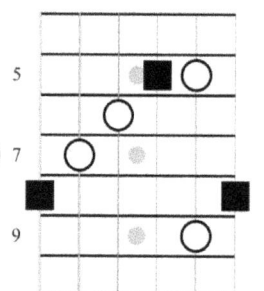

Parte Dois: Escalas, Posições e Tons

Introdução à Parte Dois

Nesta seção você aprenderá a tocar cada escala ou modo comum em qualquer tom, em qualquer lugar do braço da guitarra, usando um método bastante simples chamado sistema CAGED.

O sistema CAGED funciona atribuindo acordes "âncoras", fáceis de lembrar, a cada escala, permitindo que você visualize facilmente a escala ou modo construído ao seu redor. O acorde âncora também destaca o "humor" de cada modo. Assim, quando você tocar o acorde, você conseguirá ouvir as qualidades musicais fundamentais de cada escala. Por exemplo, nós construímos a escala Maior ao redor do acorde Maior, mas nós construímos o modo Dórico ao redor do acorde m7.

Como discutimos antes, nós podemos usar os *mesmos* cinco desenhos de escala para tocar *qualquer* modo. A única coisa a ser alterada é o acorde no qual nós visualizaremos a escada, e *quando* usar a escala, musicalmente.

O braço da guitarra é organizado em cinco diferentes posições e há cinco desenhos diferentes para cada escala original. Para que nós possamos aplicar os cinco desenhos de cada escala em todas as cinco posições do braço da guitarra, nós praticamos exercícios em cinco diferentes tons, um tom por cada desenho.

Ao usar os cinco diferentes tons nós podemos "travar" a mão do braço da guitarra em uma área da guitarra e usar cada um dos cinco desenhos para tocar a escala em um tom diferente. Esse é um jeito fantástico para aprender e internalizar qualquer escala - e, também, fazer uma ginástica mental!

Isso pode parecer confuso em um primeiro momento, mas não se preocupe. Você será conduzido por esse processo lentamente, passo a passo. Assim que você tiver aprendido o processo com uma escala em uma posição, é relativamente simples para transferi-lo para qualquer escala, em qualquer posição do braço da guitarra. Conforme você se tornar mais familiar com as notas no braço da guitarra, vai ficar extremamente fácil mover o acorde âncora para outro tom, construindo instantaneamente a escala ou modo correto ao seu redor.

Esse método é muito mais simples quando você conhece as notas das três cordas inferiores da guitarra, então passe algum tempo nas páginas seguintes antes de ingressar no Capítulo Dez. Tudo o que você precisa é recapitulado em cada capítulo, mas colocar algum esforço aqui certamente irá facilitar a sua jornada.

Capítulo Nove: Reconhecendo o Braço da Guitarra

Para conseguir tocar a escala em qualquer tom, é essencial saber onde as notas tônicas da escala estão no braço da guitarra. O sistema deste livro apenas exige que você conheça essas notas nas três cordas mais graves, mas eu sugiro fortemente que você aprenda todo o braço da guitarra fluentemente. As notas que você precisa serão recapituladas na próxima seção, mas trabalhá-las neste capítulo será um ótimo exercício para o que virá a seguir.

Vamos dar uma olhada em alguns padrões bastante úteis que podem nos ajudar a determinar rapidamente o nome e o local de *qualquer* nota no braço da guitarra.

Padrões de *oitavas* são desenhos consistentes que, seguramente, nos dirão onde encontrar as notas de mesmo nome na guitarra. A primeira coisa que precisamos aprender é a localização das notas nas cordas 6 e 5:

Notas na 6ª corda:

Notes on the 6th String

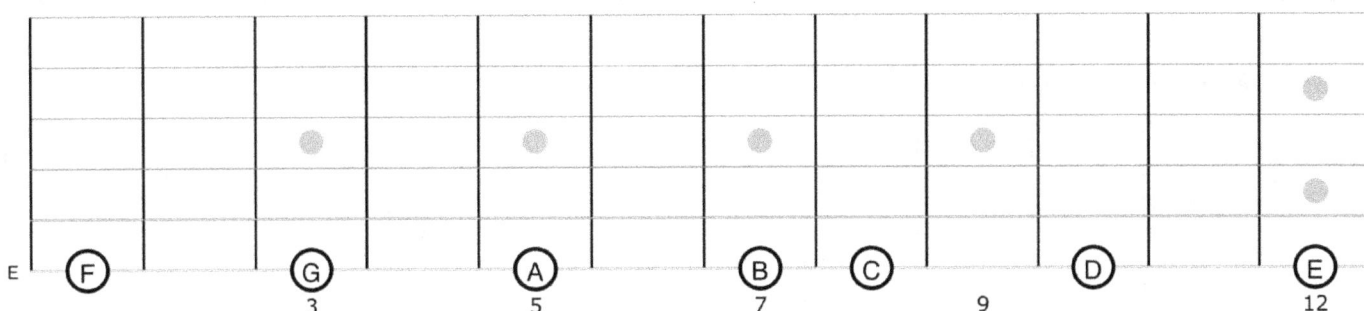

Notas na 5ª corda:

Notes on the 5th String

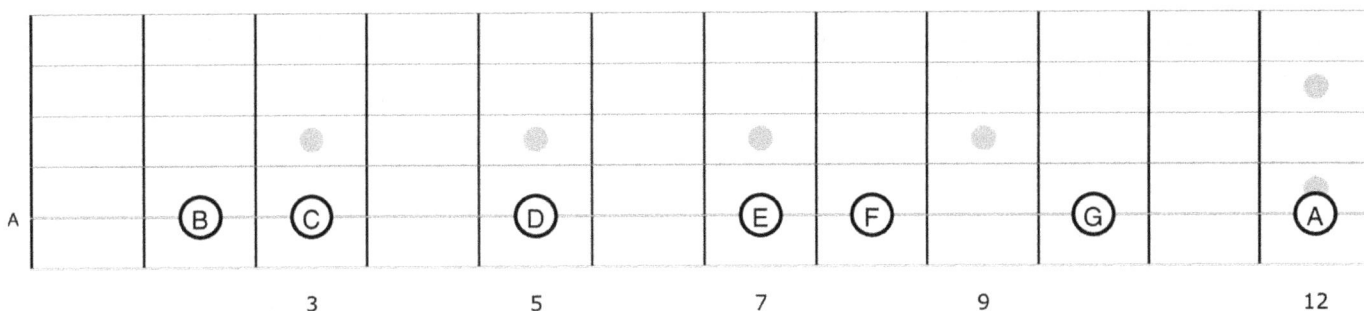

Se você já utiliza acordes de pestana ao tocar, você já deve estar familiar com o posicionamento dessas notas.

Lembre-se, cada nota pode ser ajustada para se tornar sustenido (#) ou bemol (b), subindo ou descendo um semitom. Por exemplo, tanto Eb quanto D# estão localizados na 6ª casa da 5ª corda, ou na 11ª casa da 6ª corda.

Nós podemos usar desenhos simples para enconentrar as *mesmas notas em oitavas mais altas*.

Oitavas são tocadas entre as cordas 6 e 4 ou entre as cordas 5 e 3 da seguinte forma:

Octave Pattern 6th to 4th String and 5th to 3rd String

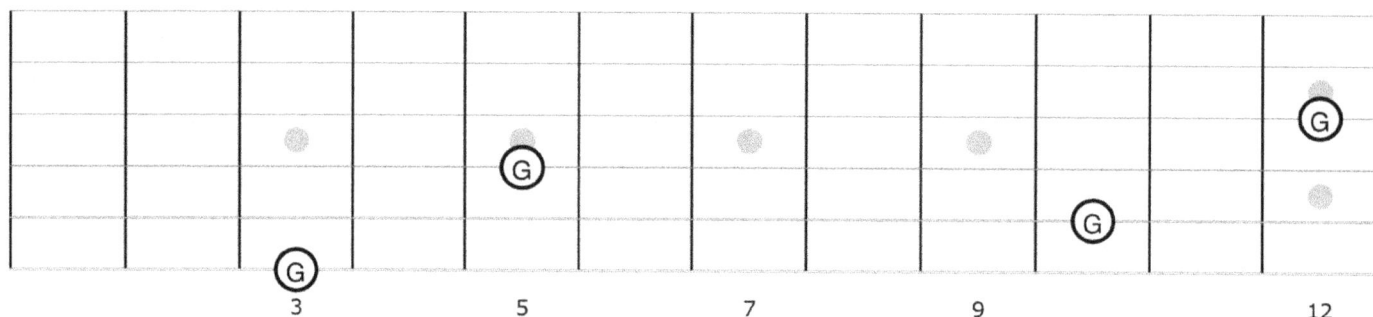

Para tocar a mesma nota uma oitava acima, você sempre *descerá* duas cordas e andará três casas *para frente*.

Usando essa informação você poderá descobrir rapidamente todas as notas nas cordas 4 e 3.

Você também pode tocar uma oitava pulando *duas* cordas. Aqui vai o padrão de oitavas entre as cordas 6 e 3:

Octave Pattern 6th to 3rd String

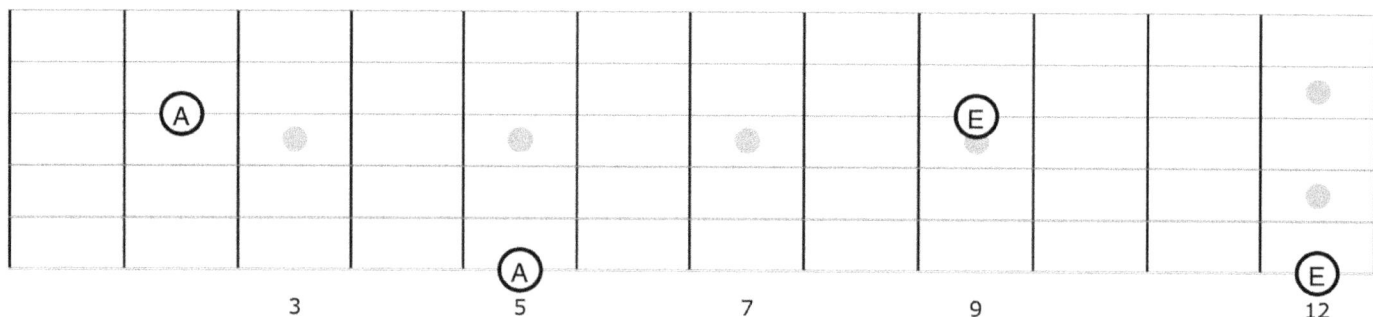

Se você sabe a nota na 6ª corda, você pode localizar a mesma nota uma oitava acima na 3ª corda: basta passar sobre três cordas e descer três casas.

Há um padrão similar, mas ligeiramente diferente entre as cordas 5 e 2. Por causa da idiossincrasia de afinações entre as cordas 3 e 2, os padrões se alteram levemente.

Octave Pattern 5th to 2nd String

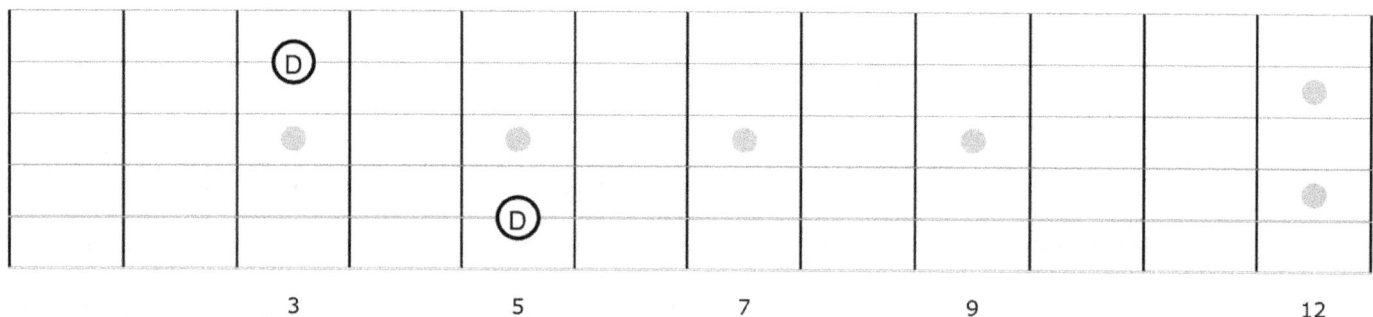

Se você sabe o nome da nota na 5ª corda, você pode localizar a mesma nota uma oitava acima na 2ª corda: basta passar sobre três cordas e descer duas casas.

Entre as cordas 4 e 2, um desenho de oitava sempre parecerá com isto:

Octave Pattern 4th to 2nd String

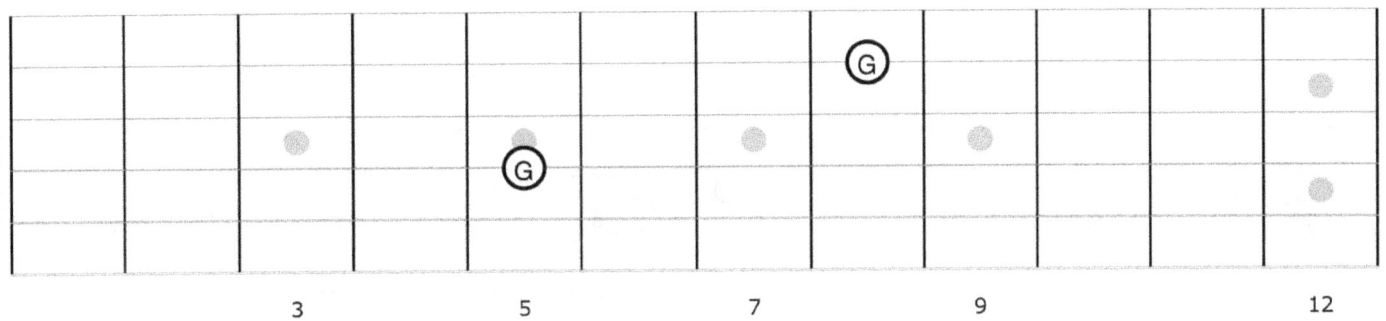

Isso é idêntico ao padrão de oitava entre as cordas 3 e 1.

Octave Pattern 3rd to 1st String

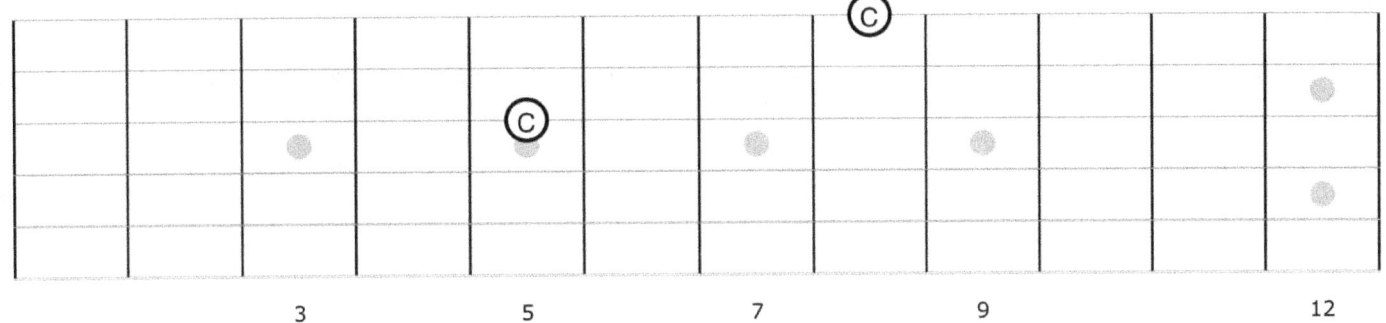

Por fim, você já deve saber que as notas na 1ª corda são idênticas às notas na 6ª corda, mas duas oitavas acima:

Two Octave Pattern

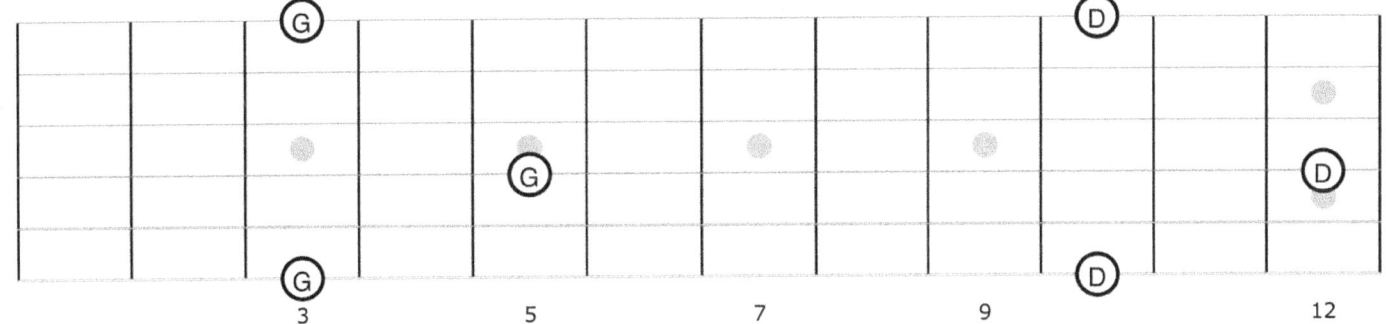

Uma parte essencial de aprender o braço da guitarra é desenvolver uma recordação *instantânea* desses padrões. Com a prática, parecerá que o braço da guitarra se tornou menor, e você precisará de cada vez menos tempo para tocar uma frase.

Um jogo divertido é dizer o nome de uma nota em voz alta e, rapidamente, tentar encontrar *todas* as localizações possíveis dessa nota no braço da guitarra. Não se esqueça de tentar isso com notas em sustenido e bemol.

Nos capítulos a seguir, você estará fazendo um treinamento *posicional* nos cinco tons de Lá, Dó, Ré, Fá e Sol, e conhecer as posições dessas notas é essencial.

Capítulo Dez: O Sistema CAGED com a Escala Maior

Na Parte Um nós trabalhamos apenas com o tom de Dó, e aprendemos as cinco posições da escala Maior de Dó da seguinte forma:

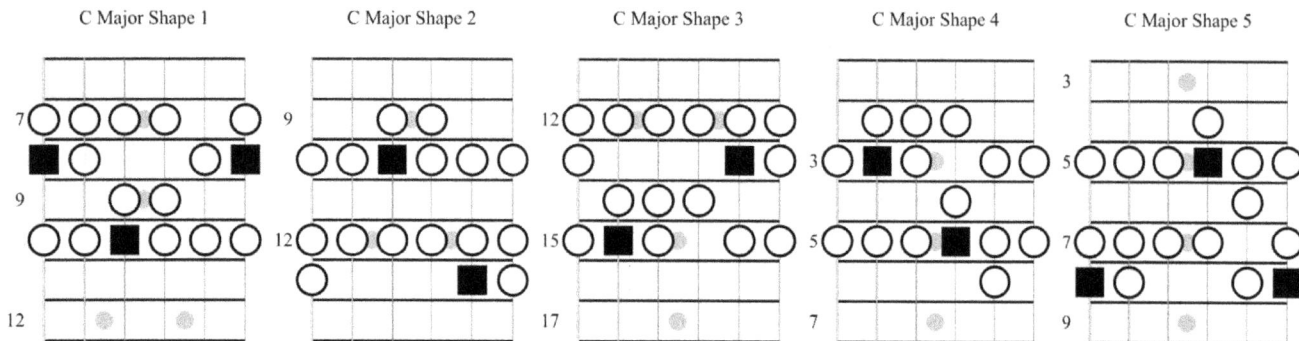

Nós estávamos preocupados apenas em encontrar a posição da nota tônica (C) no braço da guitarra, para podermos tocar no tom correto.

Na Parte Dois, nós aprenderemos a tocar instantaneamente quaisquer desses desenhos em *qualquer* tom, e em qualquer lugar do braço da guitarra. Por exemplo: se você quer tocar a escala de Lá Maior entre as casas 2 e 5, como você saberia, com rapidez, qual desenho de escala usar?

Primeiro, nós precisamos saber onde está a nota tônica (A) naquela região.

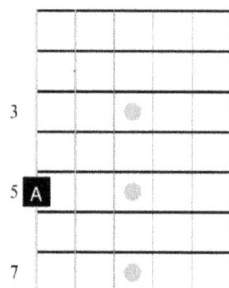

A partir daí, nós precisamos encontrar o desenho da escala Maior que se alinha à nota tônica, enquanto mantemos nossa mão naquela posição. Com um pouco de investigação dos padrões acima, você poderá ver que é o desenho 5:

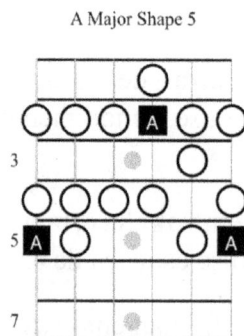

Nós transpusemos a posição 5 da escala Maior de Dó para baixo no braço da guitarra, de modo que a nossa nova nota tônica é Lá. Esse é o mesmo processo usado ao movimentarmos um acorde de pestana pelo braço da guitarra.

Esse processo é um pouco lento, e exige que pensemos em várias coisas diferentes. Quando você multiplica esse processo por cada escala e modo em todos os doze tons, você tem uma ideia do quão complexo isso pode se tornar. Músicos tendem a não pensar dessa forma, porque esse tipo de processo lento, de passo-a-passo, atrapalha o caminho da criatividade e da espontaneidade.

Nós não queremos nos preocupar sobre como encontrar as notas da escala; nós simplesmente queremos fazer música.

A resposta para esse tipo de problema é desenvolver um rápido sistema que funciona com qualquer escala, em qualquer tom e em qualquer lugar no braço da guitarra. Para usar esse sistema você precisará:

- Saber onde estão as notas tônicas no braço da guitarra (ou, pelo menos, nas três cordas mais graves)

- Aprender o desenho da escala ao redor de um acorde de pestana fácil de lembrar

Ao subir ou descer um acorde de pestana pelo braço da guitarra nós podemos acessar qualquer acorde. Ao associarmos esses acordes de pestana com escalas, nós podemos acessar qualquer escala.

Outra vantagem desse sistema é que os desenhos de acordes de pestana ajudam a definir o som e "humor" de cada modo, nos ajudando a ligar ideias musicais e licks a esses acordes. Por exemplo, o modo Dórico é normalmente tocado sobre um acorde m7 "descontraído", então nós aprendemos o modo Dórico com acordes m7 de pestana como âncoras. Ao fazermos isso, nós treinamos nossos ouvidos a associar o som do acorde com o humor da escala.

Para começar, vamos dar uma olhada nos desenhos de escala Maior novamente, mas dessa vez vamos construí-los ao redor de acordes Maiores em pestana.

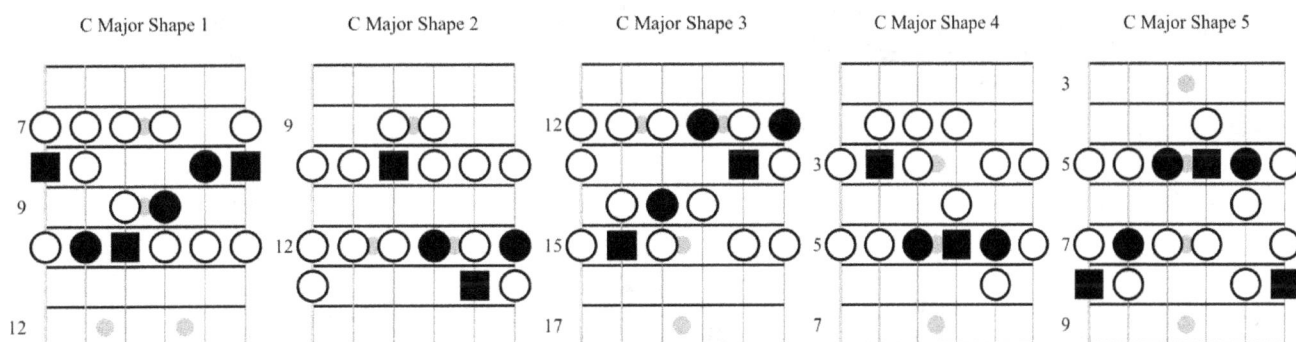

C Major Shape 1   C Major Shape 2   C Major Shape 3   C Major Shape 4   C Major Shape 5

Os pontos vazios mostram as notas da escala, enquanto os pontos cheios mostram os diferentes desenhos de acordes de pestana do acorde Dó Maior. Você verá que esses desenhos de acordes são versões de pestanas dos primeiros acordes que você aprendeu na guitarra (E, D, C, A e G). Rearranjar essas notas faz surgir o "Sistema CAGED".

Para memorizar os desenhos de escala em conjunto com os acordes:

- Toque o acorde em pestana e diga o nome do acorde em voz alta.

- Toque a escala subindo e descendo

- Toque o acorde em pestana e diga o nome da escala em voz alta

- Repita esses passos, mas toque a escala a partir da nota *mais alta*, então desça e suba

- Por fim, *visualize* (mas não toque) o desenho do acorde conforme você toca a escala, subindo e descendo, e então descendo e subindo

Ocasionalmente, será mais fácil *não* tocar cada nota de cada acorde âncora (e.g., posições 2 e 5). Entretanto, certifique-se de que visualiza com definição a nota tônica de cada desenho de acorde, especialmente na posição 5 quando é mais fácil ela ser omitida.

Exercício 10a: (Faixa de apoio 3)

Repita esse exercício, mas desça e então suba a escala após tocar cada acorde âncora.

Na próxima, tente conectar cada posição de escala, do grave ao agudo, como mostrado.

Exercício 10b:

(shape 4)   (shape 5)   (shape 1)

```
          3  5   7 8 7 5          8-10
      3-5-6     8-6-5       7-9-10
    2-4-5        7-5-4     7-9-10
  2-3-5           7-5    7-8-10
2-3-5              8-7-5   7-8-10
3-5                 8   7-5-7-8-10
```

(shape 2)   (shape 3)

```
7-8-10-12-13-12-10                12-13
        13-12-10          12-13-15
        12-10-9      12-14
        12-10-9    12-14-15
      12-10    12-14-15
    13-12-10-12-13-15
```

Tenha cuidado em seguir as posições da tablatura e trocar entre as cinco posições na hora certa.

Você também pode tocar o exercício 10b de trás para frente e descer o braço da guitarra. Aprenda a fazer isso sem olhar para a notação.

O próximo passo é aprender a usar os cinco desenhos de escala para tocar a escala Maior em *tons diferentes*, na mesma posição do braço. A ideia é usar um dos cinco desenhos da escala Maior para cada tom, e tocar os cinco tons diferentes.

As tonalidades que usaremos para esse exercício serão A, C, D, F e G Maior. Todos esses tons podem ser tocados em uma posição no braço da guitarra, usando os cinco desenhos da escala Maior. Nós sempre tocamos as tonalidades na ordem: A, C, D, F e então G.

A primeira coisa a se fazer é aprender onde fica a nota tônica de cada tom no braço da guitarra. Nós começaremos no meio do braço, entre as casas 5 e 8.

As notas A, C, D, F e G estão nestes lugares:

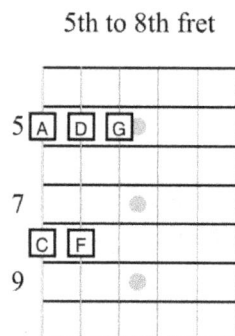

5th to 8th fret

Qual desenho da escala Maior nós precisamos usar para tocar a escala de Lá Maior nessa posição? Volte para a página 67 e veja qual diagrama de escala contém um acorde de pestana que se alinha facilmente com a nota Lá no diagrama acima.

Você consegue perceber que o desenho 1 contém um acorde Maior de pestana que se alinha com a nota tônica Lá? Aqui vai o desenho 1 da escala Maior no tom de Lá:

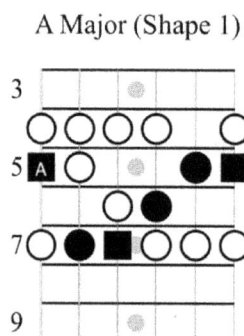

A Major (Shape 1)

Toque o acorde de pestana de Lá Maior e, então, suba e desça a escala Maior de Lá. Comece na nova mais grave do desenho; não na nota tônica.

Exercício 10c:

72

O próximo tom da sequência é Dó Maior.

A nota Dó está localizada na 8ª casa da 6ª corda. Qual acorde de pestana da página 67 tem a nota tônica alinhada com Dó?

Se você olhar com cuidado, verá que o desenho 5 é o único acorde possível que possui uma nota tônica no lugar certo quando a sua mão estiver travada na área entre as casas 5 e 8.

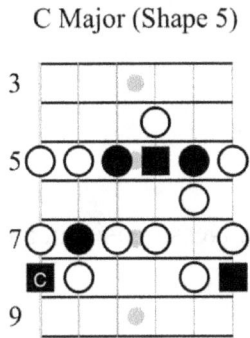

C Major (Shape 5)

Toque o acorde de pestana de Dó Maior e, então, suba e desça pela escala, começando pela nota mais grave.

Exercício 10d:

O próximo tom da sequência é Ré Maior. A nota Ré fica na 5ª casa da 5ª corda. Você usaria o desenho 4 para tocar a escala de Ré Maior nessa posição.

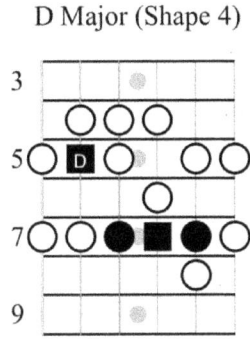

D Major (Shape 4)

Toque o acorde de pestana de Ré Maior e, então, suba e desça pela escala.

Exercício 10e:

O próximo tom na sequência é o de Fá Maior. Nessa posição, a escala de Fá Maior é tocada no desenho 3.

F Major (Shape 3)

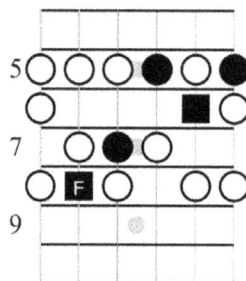

Repita o processo de tocar acorde - escala - acorde.

Exercício 10f:

O último tom da sequência é Sol Maior. A nota tônica de Sol é um pouco manhosa de encontrar, pois fica na 4ª corda. Nessa posição você consegue acessar a escala de Sol Maior usando o desenho 2.

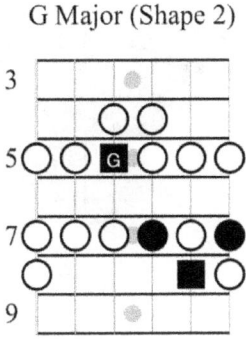

G Major (Shape 2)

Exercício 10g:

Tente fechar o livro e tocar as escalas de Lá, Dó, Ré, Fá e Sol Maior, uma de cada vez, a partir da sua memória. Comece tocando a nota âncora, e então suba e desça cada um dos desenhos de escala Maior.

Exercício 10h: (Faixa de apoio 7)

A próxima etapa é passar por todas as escalas de Lá, Dó, Ré, Fá e Sol Maior, mas dessa vez *não* toque os acordes. Visualize os acordes na sua mente e diga o nome de cada escala em voz alta conforme você as toca.

Exercício 10i: (Faixa de apoio 8)

Por fim, suba em um desenho e então desça em outro.

Exercício 10j: (Faixa de apoio 9)

Capítulo Onze: Posições por Todo o Braço

Nós abordamos as cinco posições da escala Maior e criamos fortes ligações mentais entre o acorde âncora e o desenho da escala. Agora é a hora de abrir o braço da guitarra, levando o exercício ACDFG para outras posições.

Se você fez todo o trabalho árduo do capítulo anterior, esse capítulo será bastante simples. Quando os alunos têm dificuldades, isso normalmente ocorre por não saberem onde estão as notas tônicas no braço da guitarra. Depois que você consegue localizar as notas tônicas com facilidade, o processo é simples.

- Encontre a nota tônica

- Alinhe a nota tônica com a nota tônica do desenho apropriado de acorde

- Visualize e toque a escala

Vamos subir o braço da guitarra para outra posição, tocando o ACDFG na área entre as casas 7 e 10. Aqui estão as notas tônicas de cada escala:

7th to 10th fret

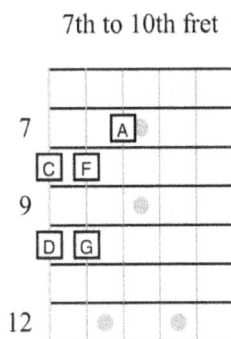

Nessa posição, a nota Lá está na 4ª corda. Você deve ser capaz de visualizar rapidamente que essa posição se alinha com o desenho 2 da escala Maior:

A Major (Shape 2)

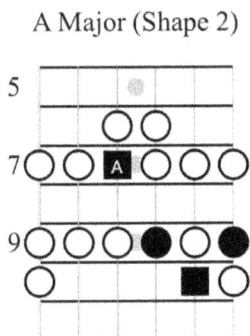

Repita o processo usado no capítulo anterior. Toque o acorde âncora, suba e desça pela escala a partir da nota mais grave, e então toque o acorde âncora novamente.

Repita o processo para os tons restantes, individualmente, antes de juntar os cinco tons, como feito anteriormente. Para começar, aqui vão os diagramas de escala para os cinco tons nessa posição. Certifique-se de que você entende como cada desenho de escala se associa com o acorde âncora alinhado à nota âncora do tom que você quer tocar.

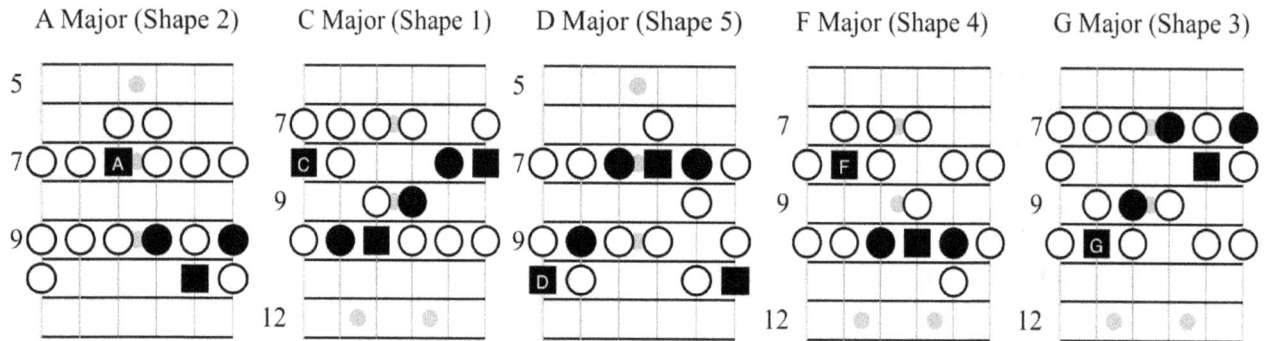

A Major (Shape 2)   C Major (Shape 1)   D Major (Shape 5)   F Major (Shape 4)   G Major (Shape 3)

Toque os seguintes exercícios usando os desenhos de escala nas posições entre as notas 7 e 10.

Em ordem, as escalas de Lá, Dó, Ré, Fá e Sol Maior

- Toque o acorde, suba e desça a escala, toque o acorde. Diga o nome dos acordes em voz alta

- Toque o acorde, desça e suba a escala, toque o acorde. Diga o nome dos acordes em voz alta

- *Visualize* o acorde, suba e desça cada escala

- *Visualize* o acorde, desça e suba cada escala

- Suba um desenho e desça em outro - por exemplo, suba em Lá Maior, desça em Dó Maior, etc.

- Desça um desenho e suba em outro - por exemplo, desça em Lá Maior, suba em Dó Maior, etc.

Trabalhe com um metrônomo para garantir que o seu ritmo esteja consistente (especialmente ao trocar de acordes) antes de ir gradualmente aumentando sua velocidade.

Você vai descobrir que precisará de cada vez menos tempo para usar esses desenhos em novas posições. Tão logo você se sinta confortável com os locais das notas tônicas no braço da guitarra, você conseguirá rapidamente visualizar o acorde apropriado, e instantaneamente construir a escala ao seu redor.

Tente os exercícios ACDFG acima de tempos em tempos, tentando sempre uma nova posição no braço da guitarra. Há cinco posições no braço da guitarra, e as notas tônicas estão localizadas conforme a seguir.

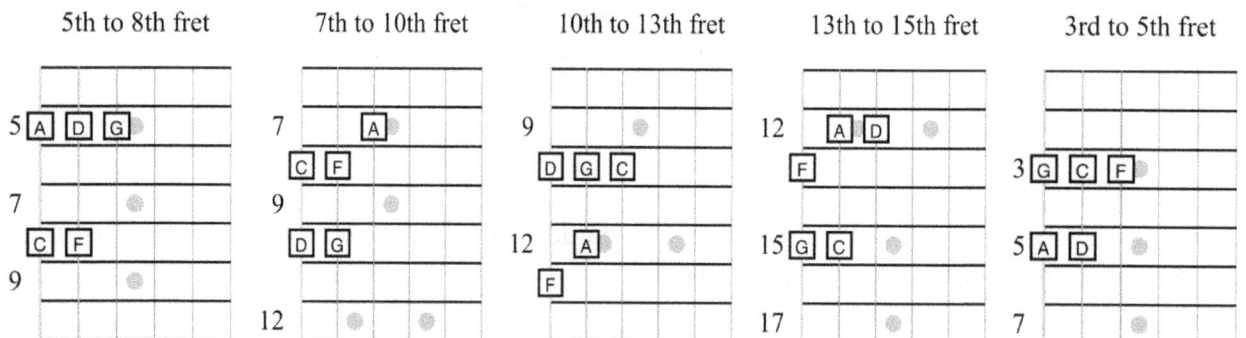

5th to 8th fret   7th to 10th fret   10th to 13th fret   13th to 15th fret   3rd to 5th fret

Você pode levar algum tempo para trabalhar todas as cinco posições no braço da guitarra, mas logo você conseguirá passar rapidamente por cada escala em cada tom, todos os dias. Eventualmente, você conseguirá passar por todos os cinco tons em todas as cinco posições em menos de dois minutos (tocando semicolcheias a 90 bpm).

A etapa final do processo (depois que você tiver ficado confiante em todas as cinco posições do braço) é conseguir tocar em *qualquer* tom. Nós cobrimos cinco dos tons mais comuns com a sequência ACDFG, mas há 12 tons na música.

Tudo o que precisamos saber é onde a nota tônica desejada está no braço da guitarra, e então colocarmos o acorde âncora apropriado ao seu redor. Aqui estão as notas nas três cordas mais graves da guitarra.

Notes on the Bass Strings

Teste-se! Respostas abaixo.

1. Qual acorde/escala você usaria se quisesse tocar Si Maior na 2ª casa?

2. Qual acorde/escala você usaria se quisesse tocar Si Bemol Sustenido entre as casas 6 e 8?

3. Qual acorde/escala você usaria se quisesse tocar Mi Maior e sua mão estivesse entre as casas 5 e 7?

4. Qual acorde/escala você usaria se quisesse tocar Ré Sustenido Maior entre as casas 5 e 7?

5. Qual desenho de escala você usaria para tocar Fá Sustenido Maior e sua mão estivesse entre as casas 3 e 6?

6. Qual desenho de escala você usaria para tocar Sol Sustenido Maior e sua mão estivesse entre as casas 1 e 4?

A coisa mais importante a se fazer agora é aprender as notas nas três cordas mais graves. Qualquer coisa, retorne ao Capítulo Nove para uma ajuda.

---

[1] 1) Desenho 4 2) Desenho 1 3) Desenho 3 4) Desenho 4 5) Desenho 2 6) Desenho 5

Capítulo Doze: Aplicação em Outras Escalas

Todos os outros modos podem ser dominados usando os acordes âncoras, assim como fizemos com a escala Maior. Nós utilizamos os mesmos cinco desenhos de escala Maior para tocar cada escala Maior, mas nós visualizamos cada desenho ao redor de um acorde âncora diferente.

Se você estiver tendo dificuldades com a construção dos modos, então você vai gostar de dar uma olhada no meu livro **The Practical Guide to Modern Music Theory for Guitarists**.

O modo Dórico é geralmente tocado sobre um groove em m7, e cria um clima jazz meio descontraído. O Dórico é o segundo modo da escala Maior, e sua fórmula de intervalo é 1 2 b3 4 5 6 b7. É importante saber que o modo Dórico é criado a partir da segunda nota da escala Maior; a partir daí, você toca todas as notas da escala Maior em sequência.

Por exemplo, se a escala "mãe" for um dó Maior (C D E F G A B C), o modo Dórico começaria na segunda nota da escala (D), contendo todas as notas de Dó Maior (D E F G A B C D).

É importante saber que um modo é derivado de uma escala "mãe", mas muitos músicos raramente se referem a esse padrão. Ao invés disso, nós vemos o modo Dórico como uma escala separada, com sua própria identidade, harmonia e humor. É simplesmente uma coincidência que ele tenha as mesmas notas da escala Maior.

Se você tocar as notas D E F G A B C D na sua guitarra, há uma grande chance de você ouvir apenas a escala Maior, porque a maioria da música popular e clássica foi criada usando as escalas Maiores. Você foi "treinado" a ouvir essas notas resolvendo a nota âncora da escala Maior (nesse caso, Dó) por toda a sua vida.

Usar modos é tudo sobre contexto, e isso pode ser visto pelos dois exemplos a seguir.

No primeiro exemplo, as notas de Ré Dórico são tocadas sobre um groove de acordes em Dó Maior. Você ouvirá que as notas querem resolver a tônica do acorde (Dó). No segundo exemplo, você ouvirá as mesmas notas sendo tocadas sobre um groove em Dm7. Nesse exemplo, você perceberá que as notas resolvem a tônica de Ré. Observe como o humor da música é bastante diferente entre esses dois exemplos.

Exercício 12a:

Exercício 12b:

Modos são um assunto extenso, e esse livro assume que você já tenha alguma experiência e compreensão de seu uso. Se você tiver qualquer dúvida, dê uma olhada nos meus livros **Guitar Scales in Context** e **The Practical Guide to Modern Music Theory for Guitarists** para uma compreensão mais profunda de todos os modos e como eles são usados.

Como você ouviu nos exemplos anteriores, o jeito como nós percebemos o mesmo conjunto de notas depende bastante do contexto no qual nós o ouvimos. As mesmas notas podem ter um humor bastante diferente quando são ouvidas sobre dois acordes diferentes, mesmo nos simples exemplos acima.

A coisa mais útil a se fazer ao aprender escala é aprendê-las em contexto. É por isso que é importante associá-las a um acorde âncora. A âncora não está ali apenas para ajudá-lo a se lembrar do desenho da escala, ela também está ali para ajudá-lo a ouvir e sentir o humor da escala.

Vamos dar uma olhada em como nós podemos usar a abordagem de acorde âncora para aprender o modo Dórico.

O Dórico é um modo Menor, como mostrado pela fórmula acima (1 2 b3 4 5 6 b7). A acorde formado quando a nota tônica é harmonizada é um Menor 7 (1 b3 5 b7). Usando o acorde Menor 7 (m7) como nossa âncora nos permite ouvir o modo Dórico em contexto.

O desenho 1 do modo Dórico em Dó pode ser tocado da seguinte forma:

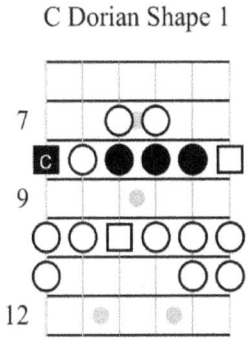

C Dorian Shape 1

Você reconhecerá esse desenho de escala de antes, mas como eu já mencionei, não pense nisso como um segundo desenho da escala Maior, mas como o primeiro desenho do modo Dórico. Ele tem uma identidade, sonoridade e sentimento completamente novos.

Conforme você fez com os desenhos de escala Maior nos capítulos anteriores, aprenda o modo Dórico tocando o acorde âncora antes de subir e descer pela escala.

Exercício 12c: (Desenho 1 de Dó Dórico)

Agora, pegue cada desenho e aprenda-os ao redor de seus âncoras no tom de Dò. Use a faixa de apoio 5 para ajudá-lo nisso.

Exercício 12d: (Desenho 2 de Dó Dórico)

C Dorian Shape 2

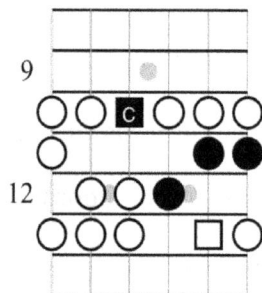

Exercício 12e: (Desenho 3 de Dó Dórico)

C Dorian Shape 3

Exercício 12f: (Desenho 4 de Dó Dórico)

C Dorian Shape 4

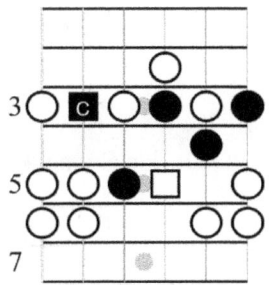

(shape 4)

Exercício 12g: (Desenho 5 de Dó Dórico)

C Dorian Shape 5

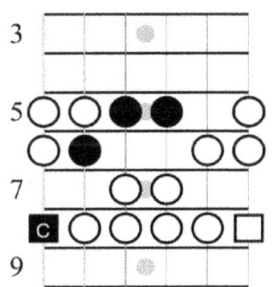

(shape 5)

Repita os exercícios de escala Maior dos capítulos Dez e Onze com os desenhos do modo Dórico escritos acima. Você pode praticá-los com a faixa de apoio 5.

A próxima etapa é aprender como tocar o modo dórico nos tons de Lá, Dó, Ré, Fá e Sol, em uma posição no braço da guitarra. Ao fazê-lo, você rapidamente associará o acorde âncora m7 com o desenho da escala Dórica, e conseguirá abrir o braço da guitarra. Lembre-se, o processo consiste em encontrar a nota tônica, tocar o acorde âncora e, então, a escala, enquanto visualiza o acorde âncora.

Na posição entre as casas 5 e 8, o modo Dórico nos tons de Lá, Dó, Ré, Fá e Sol é tocado da seguinte forma:

A Dorian Shape 1   C Dorian Shape 5   D Dorian Shape 4   F Dorian Shape 3   G Dorian Shape 2

Exercício 12h: (com acordes âncora) faixa de apoio 10.

Conforme você internalizar esses desenhos, repita o exercício mas omita os acordes. Apenas visualize-os enquanto você toca cada escala. Você pode usar a faixa de apoio 11 para praticar isso.

Lembre-se de trabalhar por toda a sequência de exercícios:

Em ordem, Lá, Dó, Ré, Fá e Sol Dórico.

- Toque o acorde, suba e desça a escala, toque o acorde. Diga o nome dos acordes em voz alta

- Toque o acorde, desça e suba a escala, toque o acorde. Diga o nome dos acordes em voz alta

- Visualize o acorde, suba e desça cada escala

- Visualize o acorde, desça e suba cada escala

- Suba um desenho e desça em outro - por exemplo, suba em Lá Dórico, desça em Dó Dórico, etc. (faixa de apoio 12)

- Desça um desenho e suba em outro - por exemplo, suba em Lá Dórico, desça em Dó Dórico, etc.

Trabalhe com um metrônomo para garantir que o seu ritmo esteja consistente (especialmente ao trocar de acordes) antes de, gradualmente, ir aumentando sua velocidade.

A cada dia, tente os exercícios ACDFG acima em novas posições no braço da guitarra. Você ficará mais familiarizado com as posições das notas tônicas em outras áreas, pois você já as trabalhou no Capítulo Onze. Se você precisar refrescar sua memória, as posições das notas tônicas estão na página 79.

Para você começar, aqui vão as escalas de Lá, Dó, Ré, Fá e Sol Dórico entre as casas 7 e 10.

A Dorian Shape 2   C Dorian Shape 1   D Dorian Shape 5   F Dorian Shape 4   G Dorian Shape 3

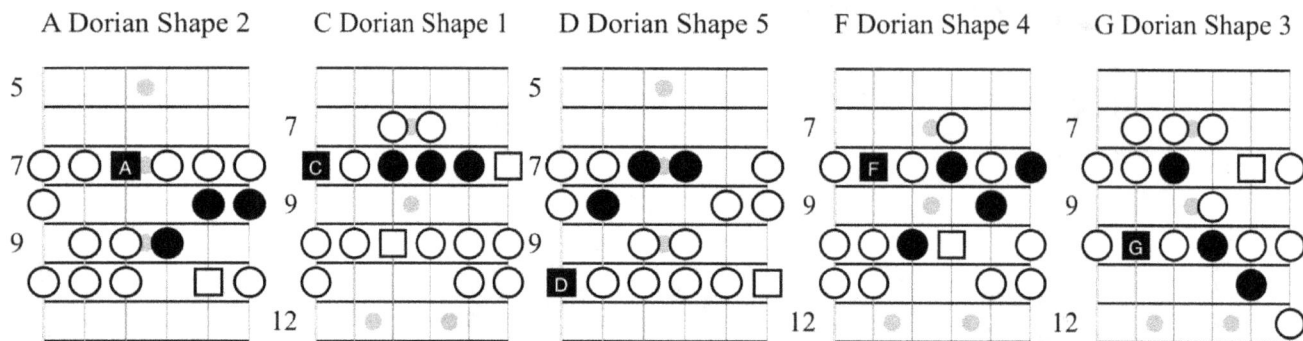

Lembre-se, memorizar esses desenhos se resume a associar o acorde com o desenho da escala, e então colocar o acorde no lugar correto no braço da guitarra, para tocar no tom desejado.

Para internalizar ainda mais o modo dórico, tente tirar sequências melódicas do Capítulo Um e tocá-las sobre os exercícios ACDFG em cada posição. Você também pode usar intervalos, tríades e arpejos quando estiver mais confiante. Usar a faixa de apoio 10 pode te ajudar.

Capítulo Treze: Porque os Modos Soam Diferente

Você viu que qualquer modo da escala Maior pode ser tocado em qualquer lugar na guitarra com apenas cinco desenhos. A principal coisa que você precisa perceber é que o jeito que nós ouvimos um conjunto de notas (escala) depende de qual acorde está servindo de base.

Normalmente, nós ouviremos os intervalos da escala no contexto do acorde que está sendo tocado naquele momento. É por isso que nos exemplos 12a e 12b você ouviu exatamente as mesmas notas funcionando como escalas diferentes. As notas C D E F G A B C foram ouvidas como parte da escala Maior quando tocadas sobre um acorde de Dó Maior, e foram ouvidas como Ré Dórico quando tocadas sobre um acorde Dm7.

O nosso ouvido subconscientemente organiza os intervalos da escala em relação à nota mais grave do acorde que está sendo tocado. Em virtude de o padrão de intervalos da escala Maior ser diferente do que o padrão do modo Dórico, as duas escalas soam *bem* diferentes.

Sem ingressar em uma grande discussão teórica, a escala Maior possui uma 3ª maior (uma distância entre dois tons) entre as notas 1 e 3 (Dó e Mi, ou C e E). Quando as tocas da escala de Dó Maior são tocadas sobre um acorde de Dó Maior, nossos ouvidos escutam a nota Dó como a tônica da escala, e organiza os tons da escala a partir daí. Nós ouvimos o intervalo de 3ª maior de Dó para Mi e sentimentos as emoções felizes e triunfantes, características da escala Maior.

Embora a escala de Ré Dórico contenha as mesmas notas de Dó Maior, nos tocamos Ré Dórico sobre um acorde Dm ou Dm7. Nosso ouvido então organiza as notas em contexto com Dm7, e nós as ouvimos diferentemente.

O modo Dórico possui um distância de apenas um tom e meio entre a tônica e a 3ª (Ré e Fá, ou D e F). Essa distância é chamada de 3ª *Menor* e dá um tom emocional completamente diferente da 3ª Maior em Dó Maior. Simplificando: terças menores têm som triste; são o completo oposto das terças maiores.

Quando nós tocamos as notas C D E F G A B C sobre um acorde de Dó Maior, subconscientemente nós organizamos a escala a partir da nota tônica de Dó Maior, e ouvimos cada intervalo da escala em relação a essa tônica.

Quando nós tocamos as notas C D E F G A B C sobre um acorde de Ré Menor, subconscientemente nós organizamos a escala a partir da nota tônica de Ré Menor, e ouvimos cada intervalo da escala em relação a essa tônica.

Porque há um padrão diferente de intervalos entre C-C e D-D, as mesmas notas acabam criando um sentimento diferente.

A terça maior na escala Maior e a terça menor no modo Dórico não são as únicas diferenças nessas duas escalas e, de fato, cada escala contém o seu próprio conjunto de intervalos.

Para destacar e definir as diferenças em escalas, os músicos costumam comparar a estrutura da escala à estrutura da escala Maior. A escala Maior é o principal bloco de construção da maioria das músicas, então ela é considerada uma boa "base" que nós podemos usar como referência.

A distância de uma nota para a próxima define a estrutura da escala. Por exemplo, C a D, D a E, E a F, etc. A distância de C para D é um tom (duas casas na guitarra), mas a distância de E para F é apenas um semitom (uma casa). Em qualquer escala Maior o padrão é *sempre*:

Tom, Tom, Semitom, Tom, Tom, Tom, Semitom.

O padrão é o "DNA" da escala. Se o padrão muda, então nós não estamos mais tocando uma escala Maior.

Como eu mencionei, a escala Maior é o bloco de construção de todas as músicas, então o seu padrão tem uma fórmula bem simples:

1 2 3 4 5 6 7.

Agora nós temos um "padrão" que podemos usar para nos ajudar a comparar as características de outras escalas.

Se você se lembrar, Ré Dórico começa na segunda nota da escala de Dó Maior. A distância de Ré para Mi é de um tom, mas a distância de Mi para Fá é de um *semitom*. Nós já nos desviamos do padrão de escala Maior no final da última página, que começa com "*Tom Tom*".

De fato, o modo Dórico possui duas notas diferentes da escala Maior. Sua fórmula é

1 2 b3 4 5 6 b7

O modo Frígio possui quatro notas diferentes da escala Maior. Sua fórmula é

1 b2 b3 4 5 b6 b7

Essas fórmulas diferentes, causadas por diferentes padrões entre tons e semitons, são o motivo pelo qual os modos possuem características musicais distintas.

O melhor jeito de perceber as diferenças é mostrar as notas do modo quando são tocadas sobre uma mesma nota tônica.

Escala	*Fórmula*	*Notas*
Dó Maior	*1 2 3 4 5 6 7*	*C D E F G A B*
Dó Dórico	*1 2 b3 4 5 6 b7*	*C D Eb F G A Bb C*
Dó Frígio	*1 b2 b3 4 5 b6 b7*	*C Db Eb F G Ab Bb*

Devido a terça bemol (b3) no Dórico e no Frígio, estes são considerados modos "menores", produzindo um som meio "triste" quando são tocados em contexto. A escala Maior possui uma terça natural, ou "maior", produzindo, assim, um sentimento mais feliz e triunfante.

Cada modo contém diferentes variações da fórmula da escala Maior, e essas variações criam um sentimento musical único. Uma coisa para se levar disso tudo é que a música é *bastante* manipulável. Assistir a um filme ou série de televisão com diferentes músicas tocando em uma cena em particular pode mudar completamente o sentido da ação. Os filmes da Disney de Hollywood às vezes te dizem como se sentir ou perceber um personagem pela música que está tocando. Tente deixar sua TV no mudo e tocar uma música boba enquanto assiste a um filme de ação. Você vai ser afetado de um jeito completamente diferente.

Manipular a percepção da audiência em um filme de ficção é uma coisa. Porém, um fenômeno preocupante a ser observado é como canais "sérios" de notícias manipulam a percepção da audiência sobre fatos e eventos usando músicas sutis que reforçam suas pautas e nos dizem como um evento deve afetar nossos sentimentos.

Capítulo Quatorze: Todas as Escalas e Modos

As páginas a seguir contêm as escalas e modos mais importantes que você deve aprender enquanto guitarrista. Todos serão passados em cinco desenhos, e são mostrados com os devidos acordes-âncora no tom de Dó. O seu trabalho é aprender a tocar todas as cinco posições nos tons de Lá, Dó, Ré, Fá e Sol, em todas as cinco posições na guitarra.

Esse é um processo demorado, então eu sugiro fortemente que você tente apenas uma escala de cada vez e tente dominá-la nos cinco tons, em todas as cinco posições, pelo período de uma semana. Comece aprendendo os desenhos da escala ao redor dos acordes âncora por todo o braço da guitarra, no tom de Dó, usando os exercícios dos Capítulos Dez e Onze. Use as faixas de apoio recomendadas em cada capítulo para ajudá-lo a *ouvir* a sonoridade de cada modo.

Conforme você for ficando mais confiante tocando esses desenhos no tom de Dó, prossiga nos exercícios ACDFG que você fez nos Capítulos Onze e Doze. Trabalhe uma posição a cada dia e comece cada dia com uma nova posição antes de recapitular os exercícios do dia anterior. Lembre-se, a sequência para praticar é:

Em ordem, Lá, Dó, Ré, Fá e, então, Sol,

- Toque o acorde, suba e desça pela escala, toque o acorde. Diga o nome do acorde em voz alta

- Toque o acorde, desça e suba pela escala, toque o acorde. Diga o nome do acorde em voz alta

- *Visualize* o acorde, suba e desça cada escala

- *Visualize* o acorde, desça e suba cada escala

- Suba em um desenho e desça no próximo

- Desça em um desenho e suba no próximo

Trabalhe com um metrônomo para garantir que o seu ritmo fique consistente (especialmente ao trocar de acorde) antes de, gradualmente, ir aumentando a velocidade.

O problema mais comum para atrasar estudantes é que eles não sabem onde estão as notas tônicas em cada posição. Certifique-se de ter as notas tônicas memorizadas no braço da guitarra antes de embarcar nos exercícios.

Esses exercícios são complicados, mas você será um músico muito melhor depois de praticá-los. Lembre-se, apesar de a memorização ser um objetivo, há apenas uma certa quantidade de informação que você pode ser mantida em nossa cabeça de cada vez.

Acima de tudo, o objetivo final é fazer música. Quando estiver confortável em tocar as escalas ACDFG em uma posição, tente usar cada escala para tocar uma melodia sobre cada acorde, ao invés de tocar a escala. Usando a faixa de apoio "dois compassos por tom" de cada capítulo, toque uma pequena frase musical no tom correto, a cada momento de troca de tom. Esse é um exercício mais difícil, porque você deve começar as suas melodias no *meio* da escala, ao invés de no começo ou no fim.

Para aprender a começar a partir de qualquer ponto da escala, escreva pequenas frases que comecem em notas diferentes do acorde âncora. Quando o tom mudar, toque rapidamente o acorde âncora e comece a sua frase de uma das notas do acorde, finalizando gradativamente os acordes âncora.

Não há pressa em dominar o material a seguir, mas depois de trabalhar esse capítulo por algumas semanas ou meses, você conhecerá o braço da sua guitarra de trás para frente.

*Para ajudá-lo a organizar o seu tempo, as escalas que você deve priorizar estão marcadas com um *.*

O Modo Frígio

Fórmula 1 b2 b3 4 5 b6 b7

O modo Frígio possui uma sonoridade sombria, com um sabor meio "Espanhol", bastante popular entre músicos como Chick Corea e Al Di Meola. Ele às vezes é usado em um som mais pesado de rock, e pode ser ouvido em várias músicas do Metallica.

O modo Frígio é idêntico ao modo Eólico, mas o Frígio contém um intervalo b2. Esse intervalo b2 é responsável pelo "sabor espanhol".

O exercício ACDFG pode ser praticado com as seguintes faixas de apoio:

Faixa de apoio 10: Quatro compassos por acorde (Toque o acorde, suba e desça cada escala, toque o acorde).

Faixa de apoio 7: Dois compassos por acorde (Suba e desça cada escala).

Faixa de apoio 12: Um compasso por acorde (Suba em uma escala, desça na próxima).

O Modo Lídio*

Fórmula 1 2 3 #4 5 6 7

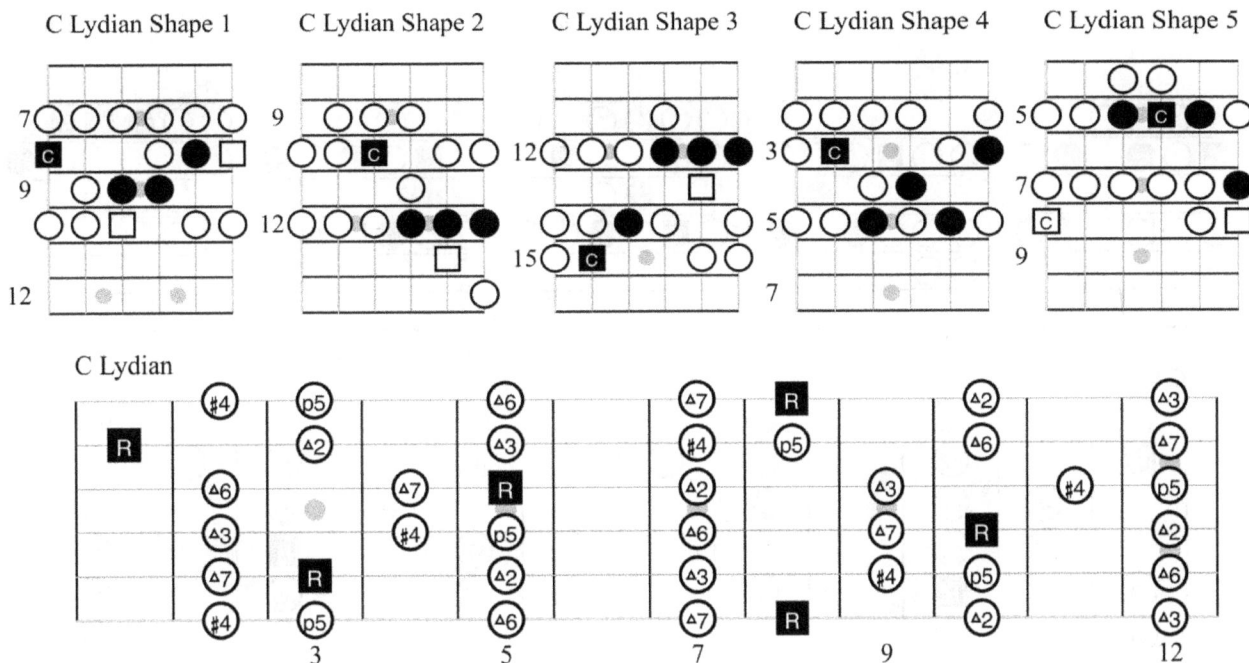

C Lydian Shape 1 · C Lydian Shape 2 · C Lydian Shape 3 · C Lydian Shape 4 · C Lydian Shape 5

C Lydian

O modo Lídio possui uma sonoridade Maior, com uma diferença fundamental entre a escala Maior tradicional: o 4° grau da escala é aumentado em um semitom. Essa alteração aparentemente mínima na escala Maior cria uma sonoridade "de outro mundo", e tem sido usada com grandes resultados por músicos como Frank Zappa e Danny Elfman.

O exercício ACDFG pode ser praticado com as seguintes faixas de apoio:

Faixa de apoio 7: Quatro compassos por acorde (Toque o acorde, suba e desça cada escala, toque o acorde).

Faixa de apoio 8: Dois compassos por acorde (Suba e desça cada escala).

Faixa de apoio 9: Um compasso por acorde (Suba em uma escala, desça na próxima).

O Modo Mixolídio*

Fórmula 1 2 3 4 5 6 b7

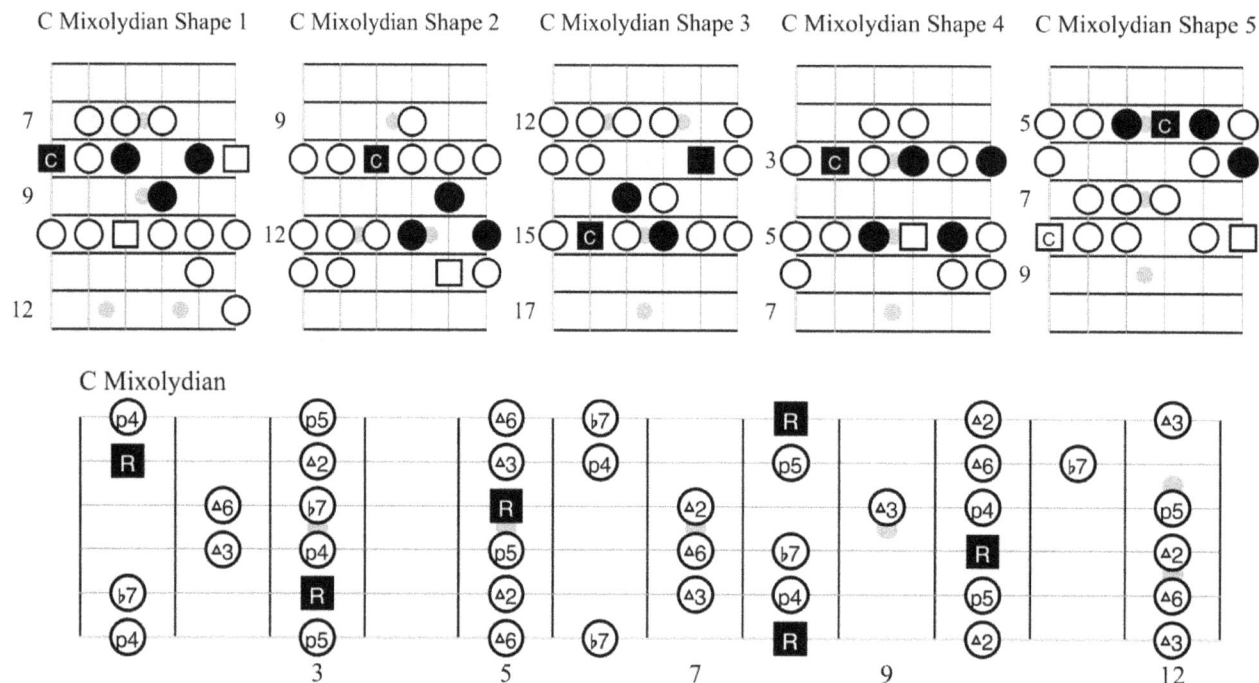

C Mixolydian Shape 1   C Mixolydian Shape 2   C Mixolydian Shape 3   C Mixolydian Shape 4   C Mixolydian Shape 5

C Mixolydian

O modo Mixolídio é geralmente combinado com as escalas Pentatônicas Maior e Menor. Ele é ouvido com frequência em solos de guitarra blues, rock e country, muito utilizado por guitarristas como Derek Trucks, os Allman Brothers e Stevie Ray Vaughan. Se você estiver ouvindo um blues de 12 compassos e o som, o "humor" for de Menor para Maior, isso é geralmente feito usando uma escala Pentatônica Maior ou o modo Mixolídio.

O modo Mixolídio é idêntico à escala Maior, mas o Mixolídio contém um intervalo b7, que tira um pouco do brilho da escala Maior pura. Ao "escurecer" o brilho da escala Maior, o Mixolídio se torna mais adequado para rocks e blues mais acelerados.

O exercício ACDFG pode ser praticado com as seguintes faixas de apoio:

Faixa de apoio 13: Quatro compassos por acorde.

Faixa de apoio 14: Dois compassos por acorde.

Faixa de apoio 15: Um compasso por acorde.

O Modo Eólio / Modo Natural Menor*

Fórmula 1 2 b3 4 5 b6 b7

C Aeolian Shape 1 · C Aeolian Shape 2 · C Aeolian Shape 3 · C Aeolian Shape 4 · C Aeolian Shape 5

C Aeolian

O modo Eólio é, provavelmente, o modo mais utilizado no rock pesado e no heavy metal. Ele é naturalmente um modo Menor por conter um intervalo b3, mas a adição do intervalo b6 cria um som mais escuro e pesado do que o modo Dórico.

O modo Eólio também é usado em jazz e blues Menores.

Algumas músicas de rock moderno também usam o modo Eólio. Um exemplo clássico é "Empty Rooms", do Gary Moore.

O exercício ACDFG pode ser praticado com as seguintes faixas de apoio:

Faixa de apoio 10: Quatro compassos por acorde (Toque o acorde, suba e desça cada escala, toque o acorde).

Faixa de apoio 11: Dois compassos por acorde (Suba e desça cada escala).

Faixa de apoio 12: Um compasso por acorde (Suba em uma escala, desça na próxima).

O modo Lócrio

Fórmula 1 b2 b3 4 b5 b6 b7

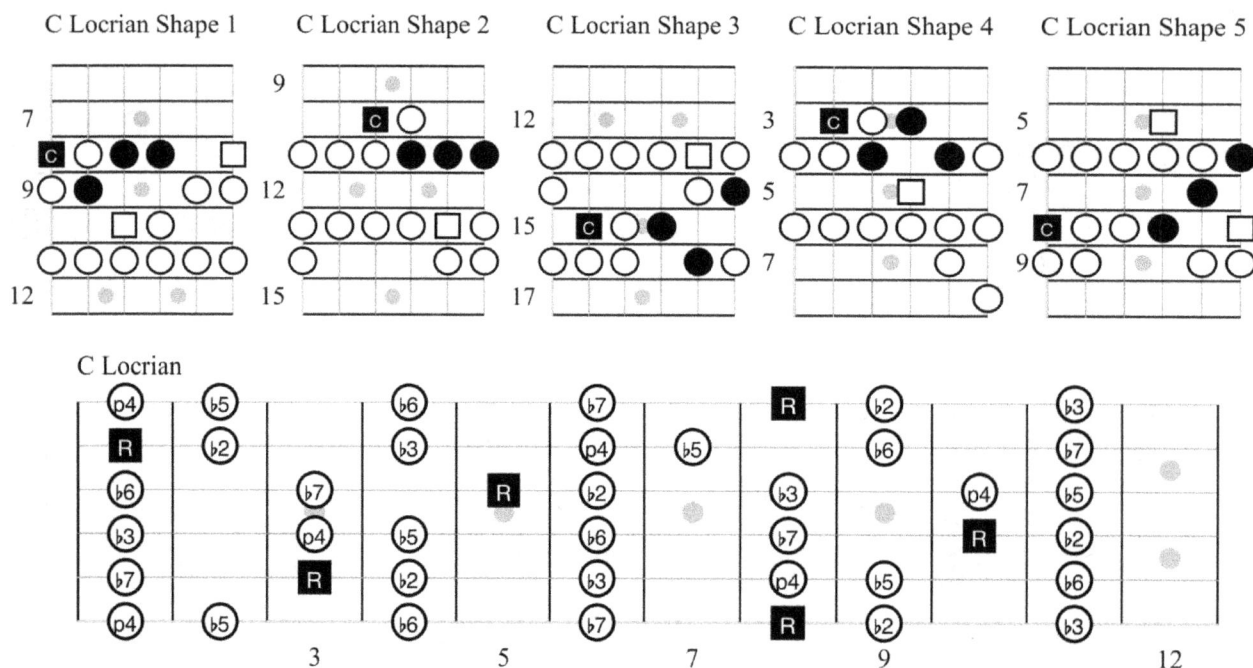

C Locrian Shape 1   C Locrian Shape 2   C Locrian Shape 3   C Locrian Shape 4   C Locrian Shape 5

C Locrian

O modo Lócrio é raramente usado na música popular, mas se encaixa perfeitamente em solos mais pesados, principalmente em death metal. Inesperadamente, também é um dos modos mais utilizados no jazz, e geralmente aparece sobre um acorde m7b5.

Cada nota da escala Lócria, com exceção da 4ª, é sustenido, então esse modo fica o mais longe possível da escala Maior. Entretanto, como nossos ouvidos estão acostumados com as melodias e harmonias da escala Maior, nós geralmente caímos no truque de reorganizar subconscientemente as progressões de acorde que nós ouvimos como progressões da escala Maior.

No heavy metal, o modo Lócrio geralmente é tocado sobre power acordes com uma nota b5 para manter a harmonia simples e deixar a melodia da escala definir a tonalidade.

O exercício ACDFG pode ser praticado com as seguintes faixas de apoio:

Faixa de apoio 16: Quatro compassos por acorde.

Faixa de apoio 17: Dois compassos por acorde.

Faixa de apoio 18: Um compasso por acorde.

A Escala Pentatônica Menor*

Fórmula 1 b3 4 5 b7

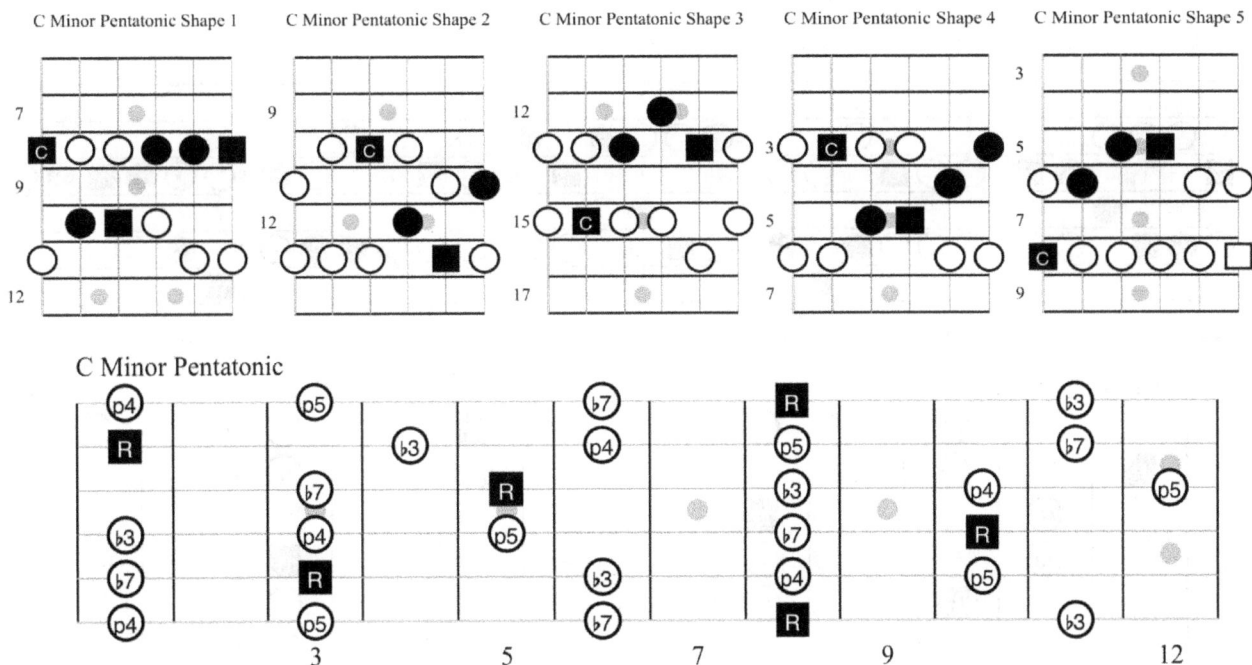

C Minor Pentatonic Shape 1 · C Minor Pentatonic Shape 2 · C Minor Pentatonic Shape 3 · C Minor Pentatonic Shape 4 · C Minor Pentatonic Shape 5

C Minor Pentatonic

A escala Pentatônica Menor (blues) é uma escala onipresente na guitarra elétrica moderna. Eu estimaria que 80% dos solos de rock clássico são baseados nessa escala.

A escala Pentatônica Menor geralmente é a primeira escala que guitarristas iniciantes aprendem, e com razão. Ela é instantaneamente acessível, fácil de lembrar e imediatamente nos remete a alguns dos licks de guitarra mais clássicos que nós nos lembramos.

Essencialmente, a escala Pentatônica Menor é o som do blues e do rock. Ela pode ser tocada sobre tons Maiores e Menores e é extremamente versátil.

A escala blues é criada adicionando uma nota b5 extra à escala pentatônica padrão. A nota extra b5 (ou nota "blues") adiciona uma sonoridade mais blues e triste à escala.

A escala Pentatônica Menor é literalmente usada por todo mundo no palco, então não há motivo em apontar alguns protagonistas. Lightnin' Hopinks, Jimi Hendrix, Jimmy Page, Eric Johnson e Paul Gilbert são excelentes exemplos de músicos que já utilizaram a escala Pentatônica Menor de diferentes formas.

O exercício ACDFG pode ser praticado com as seguintes faixas de apoio:

Faixa de apoio 10: Quatro compassos por acorde (Toque o acorde, suba e desça cada escala, toque o acorde).

Faixa de apoio 11: Dois compassos por acorde (Suba e desça cada escala).

Faixa de apoio 12: Um compasso por acorde (Suba em uma escala, desça na próxima).

Com escalas pentatônicas, altere o ritmo na sua execução e, nesses exercícios, toque em tercinas ao invés de semicolcheias.

A Escala Pentatônica Maior*

Fórmula 1 2 3 5 6

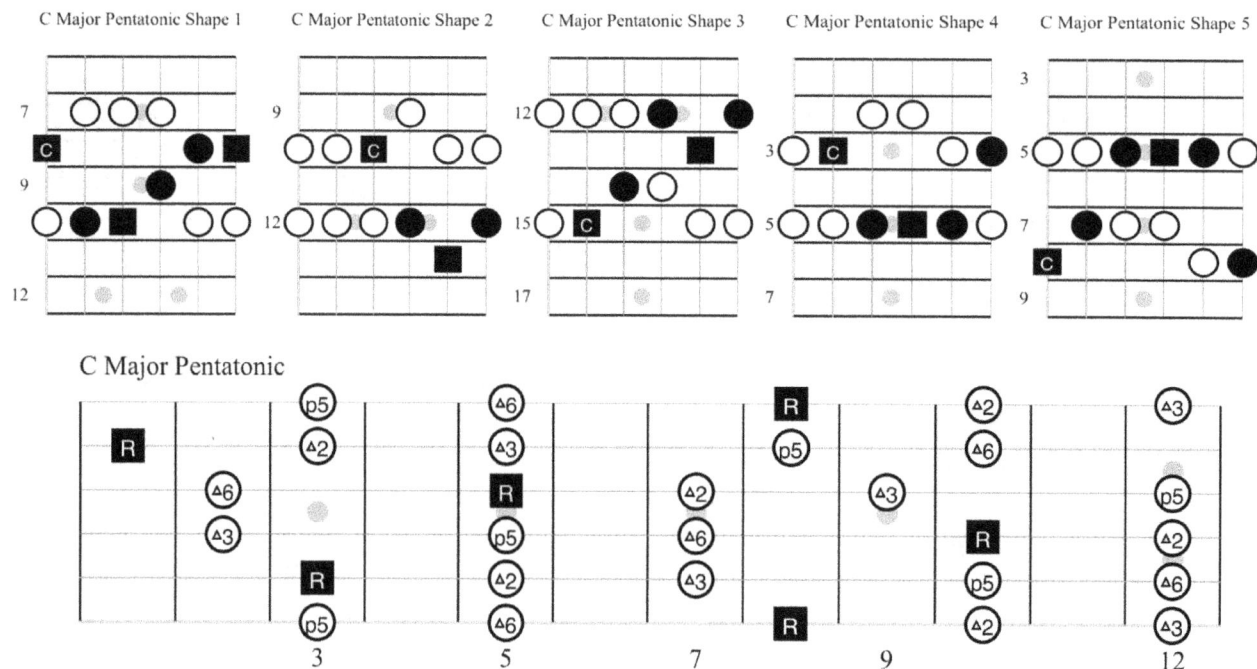

C Major Pentatonic Shape 1 · C Major Pentatonic Shape 2 · C Major Pentatonic Shape 3 · C Major Pentatonic Shape 4 · C Major Pentatonic Shape 5

C Major Pentatonic

A escala Pentatônica Maior é praticamente tão usada na música moderna quanto a sua prima Menor, mas o som mais alegre da Pentatônica maior é geralmente usado em conjunto com a Pentatônica Menor para alegrar a música.

As digitações das escalas blues Maior e Menor são idênticas, e a escala blues Maior geralmente é vista como "a mesma coisa" que a escala Pentatônica Menor, apenas começando três casas mais abaixo.

Stevie Ray Vaughan e Jimi Hendrix eram mestres em combinar as escalas Pentatônica Maior e Menor para criar emoções ricas e complexas em seus solos.

O exercício ACDFG pode ser praticado com as seguintes faixas de apoio:

Faixa de apoio 7: Quatro compassos por acorde (Toque o acorde, suba e desça cada escala, toque o acorde).

Faixa de apoio 8: Dois compassos por acorde (Suba e desça cada escala).

Faixa de apoio 9: Um compasso por acorde (Suba em uma escala, desça na próxima).

Com escalas pentatônicas, altere o ritmo na sua execução e, nesses exercícios, toque em tercinas ao invés de semicolcheias.

A Escala Melódica Menor*

Fórmula 1 2 b3 4 5 6 7

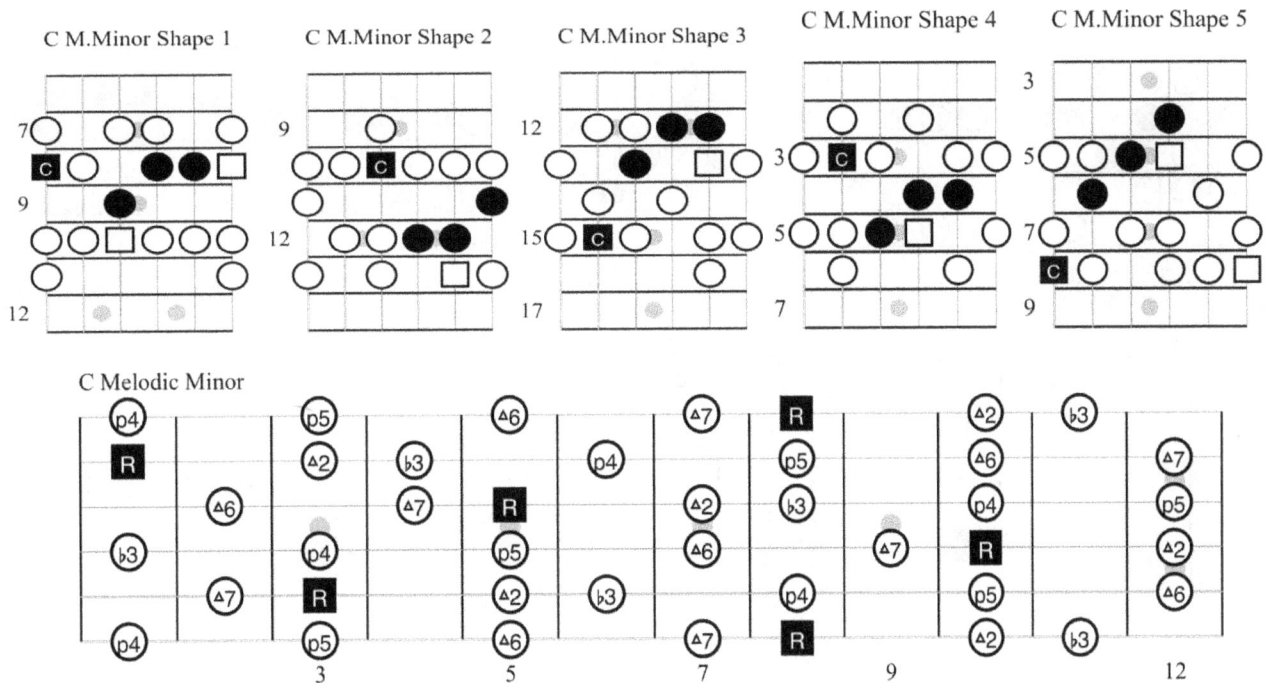

C M.Minor Shape 1 C M.Minor Shape 2 C M.Minor Shape 3 C M.Minor Shape 4 C M.Minor Shape 5

C Melodic Minor

O modo Melódico Menor é uma das escalas Menores usadas com mais frequência na música clássica e no jazz. Ela possui uma qualidade rica e profunda que transcende gêneros musicais. A versão da Melódica Menor mostrada nestre livro seria mais precisamente descrita como uma escala Menor "Jazz", ou uma escala Jônica b3, porque a escala Melódica Menor tradicional da música clássica é formada de um jeito diferente, dependendo do modo como ela é tocada (se subindo ou descendo).

A versão clássica da escala Melódica Menor sobe do modo mostrado acima, mas ela desce de volta para a nota tônica usando o modo Eólio. A maioria dos músicos modernos não diferencia as versões ascendentes e descendentes do modo Melódico Menor, e normalmente sobem e descem usando o mesmo padrão acima.

Como mencionado, a escala Melódica Menor, nesse contexto, pode ser mais bem definida como uma escala Jônica b3; ela é idêntica à escala Jônica (Maior), mas possui um intervalo b3, ao invés de uma 3ª maior.

O exercício ACDFG pode ser praticado com as seguintes faixas de apoio:

Faixa de apoio 10: Quatro compassos por acorde (Toque o acorde, suba e desça cada escala, toque o acorde).

Faixa de apoio 11: Dois compassos por acorde (Suba e desça cada escala).

Faixa de apoio 12: Um compasso por acorde (Suba em uma escala, desça na próxima).

O Modo Lídio Dominante

Fórmula 1 2 3 #4 5 6 b7

C Lydian Dominant Shape 1 — C Lydian Dominant Shape 2 — C Lydian Dominant Shape 3 — C Lydian Dominant Shape 4 — C Lydian Dominant Shape 5

C Lydian Dominant

O modo Lídio Dominante é um modo bastante comum no jazz e no fusion. Ele possui uma construção muito similar à do modo Mixolídio, mas com um 4º grau aumentado. Geralmente, esse modo é usado sobre acordes de 7ª dominante, e a maioria dos músicos tende a ver esse grau #4 como uma b5, o que é mais similar às escalas blues. Por essa razão, os modos Mixolídio, Blues e Lídio Dominante podem ser livremente combinados.

O modo Lídio Dominante geralmente é usado sobre acordes de 7ª dominante estáticos e funcionais (que resolvem), e oferecem um grande "crossover" entre blues tradicionais e mais jazz.

O exercício ACDFG pode ser praticado com as seguintes faixas de apoio:

Faixa de apoio 13: Quatro compassos por acorde.

Faixa de apoio 14: Dois compassos por acorde.

Faixa de apoio 15: Um compasso por acorde.

A Escala Alterada

Fórmula: 1 b2 #2 3 b5 #5 b7 (Geralmente visto como 1 b9 #9 3 b5 #5 b7)

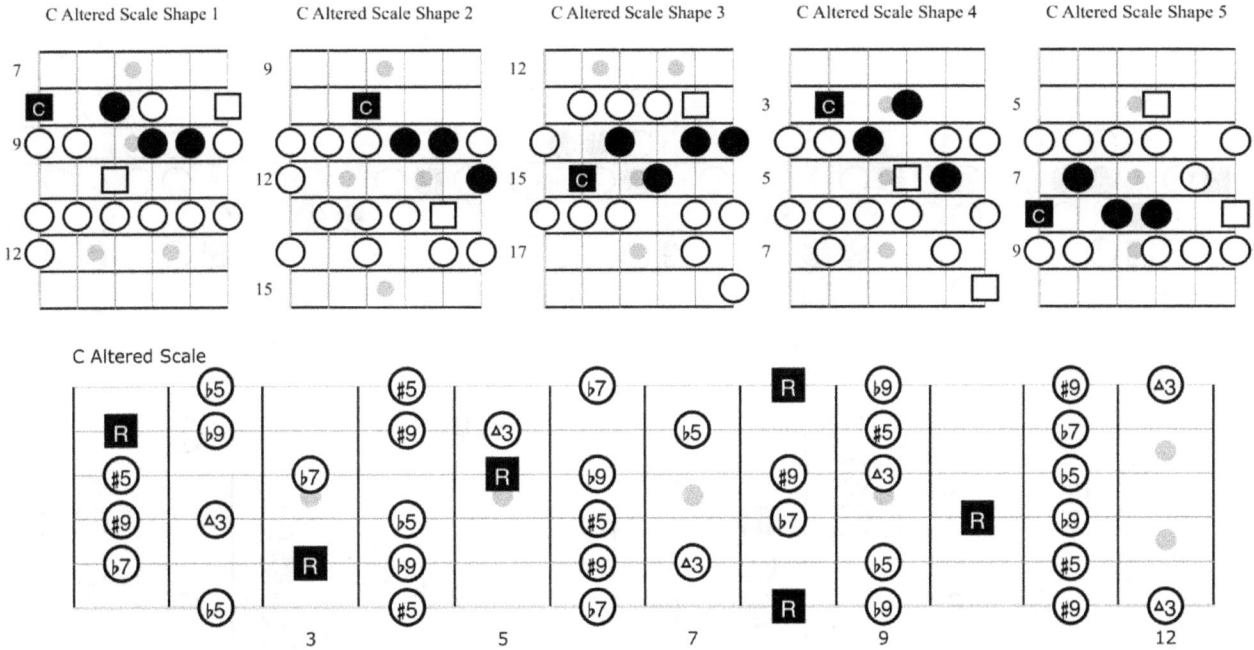

Definitivamente uma escala para músicos de jazz, o modo Alterado ou "Super Lócrio" compreende a nota tônica e os tons relativos aos acordes de 7ª dominante (1, 3 e b7) e *cada* possível alteração cromática aos acordes de 7ª dominante (b9, #9, b5 e #5). Ele serve perfeitamente para ser usado sobre um acorde alterado dominante que resolva a tônica de um tom. Por exemplo:

C7#5b9 - Fm7

Tecnicamente, alguns teóricos podem dizer que o modo é mais indicado para ser usado quando o acorde dominante resolve um acorde Menor da nota tônica. Porém, ele ainda é comumente usado quando o acorde dominante resolve o acorde Maior.

É importante notar que a escala Alterada *não* contém o 5º grau natural, o que dá ao modo um som "incerto". Entretanto, como ele é geralmente usado sobre acordes dominantes funcionais, essa característica pode funcionar maravilhosamente.

Essa escala é chamada de modo Super Lócrio porque é idêntica ao modo Lócrio, mas contém uma b4 (um intervalo de 3ª maior). Por esse motivo, a escala Alterada funciona de forma diferente, é considerada um modo Maior e é usada sobre acordes dominantes.

A escala Alterada pode ser usada sobre acordes dominantes alterados estáticos, como mostrado nas progressões a seguir, e apesar de ser um jeito bem útil para praticá-la e dominar o seu "sabor" único, é raro ver essa escala sendo usada musicalmente nesse contexto.

O exercício ACDFG pode ser praticado com as seguintes faixas de apoio:

Faixa de apoio 19: Quatro compassos por acorde.

Faixa de apoio 20: Dois compassos por acorde.

Faixa de apoio 21: Um compasso por acorde.

A Escala Harmônica Menor*

Fórmula 1 2 b3 4 5 b6 7

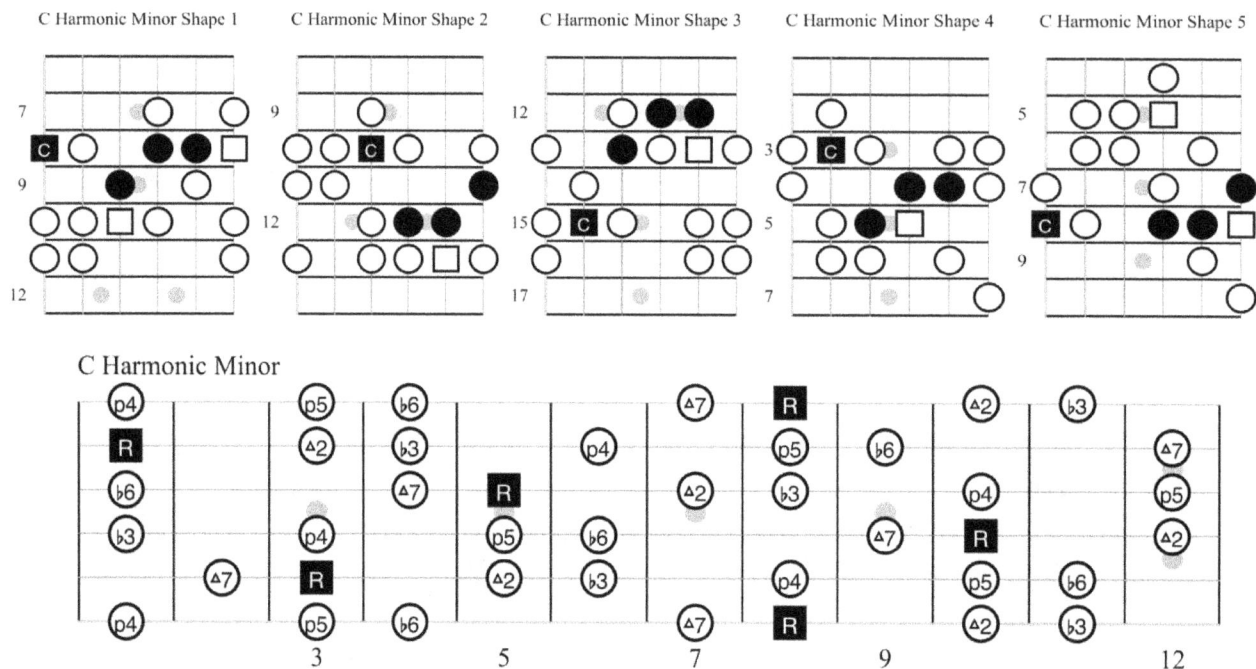

C Harmonic Minor Shape 1   C Harmonic Minor Shape 2   C Harmonic Minor Shape 3   C Harmonic Minor Shape 4   C Harmonic Minor Shape 5

C Harmonic Minor

A escala Harmônica Menor pode soar meio ultrapassada hoje em dia, mas se usada com moderação, pode adicionar aos seus solos um sabor único, além de profundidade e inteligência.

A escala Harmônica Menor é caracterizada pelo salto de um tom e meio entre a b6 e o intervalo natural de 7ª, que instantaneamente conjura uma ambiência meio Árabe - um som do Oriente Médio. Isso é causado pelo salto de um tom e meio entre a b6 e a 7 (o salto de Ab para Bb, no tom de C).

Tradicionalmente, a escala Harmônica Menor (fiel ao seu nome) tem sido a origem da harmonia e da estrutura de acordes menores na música clássica. Enquanto as peças musicais escritas em tons Maiores geralmente buscam seus acordes na escala Maior harmonizada, músicas escritas em tons Menoers geralmente derivam seus acordes da escala Harmônica Menor harmonizada.

O exercício ACDFG pode ser praticado com as seguintes faixas de apoio:

Faixa de apoio 10: Quatro compassos por acorde (Toque o acorde, suba e desça cada escala, toque o acorde).

Faixa de apoio 11: Dois compassos por acorde (Suba e desça cada escala).

Faixa de apoio 12: Um compasso por acorde (Suba em uma escala, desça na próxima).

O Modo Frígio Dominante

Fórmula 1 b2 3 4 5 b6 b7

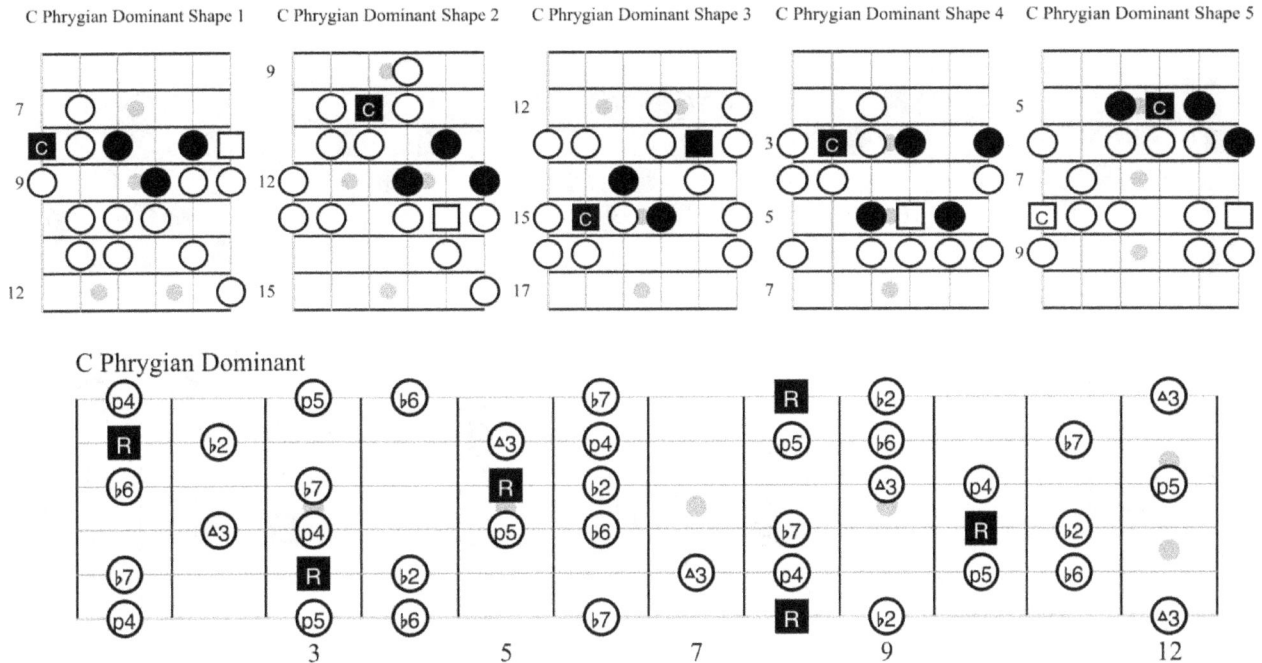

C Phrygian Dominant Shape 1 C Phrygian Dominant Shape 2 C Phrygian Dominant Shape 3 C Phrygian Dominant Shape 4 C Phrygian Dominant Shape 5

C Phrygian Dominant

A escala Frígia Dominante é extremamente popular no jazz e no rock. Ela possui uma característica muito espanhola e cigana, o que a torna instantaneamente reconhecível.

Muitos consideram que o modo Frígio Dominante é a escala primária do flamenco.

No rock, ela tem sido usada pelo Rush e pelo Metallica, além de ser famosamente usada na seção de *tapping* de *Surfing with the Alien*, the Joe Satriani (1:09).

O modo Frígio Dominante é um favorito dos guitarristas de rock neoclássicos como Yngwie Malmsteen, e o salto de um tom e meio entre a b2 e a 3ª Maior cria um forte sentimento de música clássica.

No jazz, o modo Frígio Dominante é geralmente usado em uma progressão Menor (ii v i). Quando tocado sobre um acorde dominante funcional (resolvendo), as melodias do modo Frígio Dominante sugerem fortemente uma resolução na tônica Menor, por que o grau b6 do modo se torna a 3ª menor do acorde tônico.

O exercício ACDFG pode ser praticado com as seguintes faixas de apoio:

Faixa de apoio 19: Quatro compassos por acorde.

Faixa de apoio 20: Dois compassos por acorde.

Faixa de apoio 21: Um compasso por acorde.

A Escala Dom-Dim (Dominante-Diminuta)

Fórmula 1 b2 #2 3 #4 5 6 b7 (Geralmente vista como 1 b9 #9 3 b5 5 b7)

C Half Whole Dim Shape 1 — C Half Whole Dim Shape 2 — C Half Whole Dim Shape 3 — C Half Whole Dim Shape 4 — C Half Whole Dim Shape 5

C Half Whole Diminished

Escalas sintéticas são as que não ocorrem "naturalmente" no sistema modal; elas são criadas utilizando um padrão recorrente (sintético) de notas e semitons em suas construções.

Por exemplo, a escala Dom-Dim (Dominante-Diminuta) é formada pelo seguinte padrão *semitom, tom, semitom, tom, etc*. Seguir esse padrão leva a uma escala de oito notas que lhe permite tocar padrões "geométricos" nos solos. Não é comum derivar acordes e harmonia de escalas sintéticas, mas isso às vezes acontece no jazz moderno e no fusion.

O exercício ACDFG pode ser praticado com as seguintes faixas de apoio:

Faixa de apoio 19: Quatro compassos por acorde.

Faixa de apoio 20: Dois compassos por acorde.

Faixa de apoio 21: Um compasso por acorde.

A Escala de Tons Inteiros (Aumentada)

Fórmula 1 2 3 #4 #5 b7

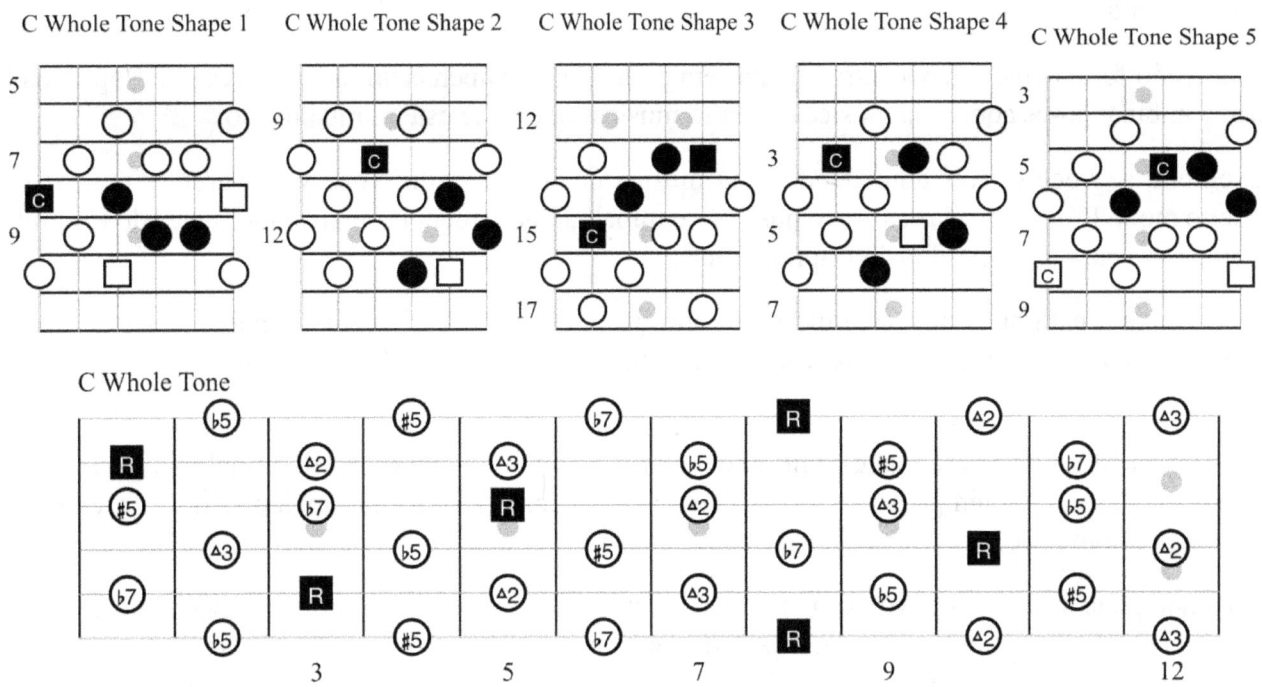

A Escala de Tons Inteiros (*Whole Tone* ou Hexafônica) é outra escala sintética. Ela é criada mantendo uma distância de um tom entre *cada* grau da escala. A Escala de Tons Inteiros contém apenas seis tons individuais, e devido a essa construção há apenas duas transposições da escala.

As notas na Escala de Dó de Tons Inteiros e na Escala de Ré de Tons Inteiros são idênticas (isso é fácil de perceber pelo diagrama do braço da guitarra acima), então apenas duas transposições cobrem cada transposição possível: C e C#. Isso não é a mesma coisa que dizer que a Escala de Tons Inteiros só pode ser tocada em um tom, mas significa que as notas nas escalas de Tons Inteiros de Dó, Ré, Mi, Fá Sustenido, Sol Sustenido e Lá Sustenido são idênticas.

Por ser uma escala simétrica, a escala de Tons Inteiros, assim como a escala Dom-Dim (Dominante-Diminuta), tende a gerar linhas musicais "geométricas", e é comum ouvir muitas sequências e padrões sendo criados a partir dessa estrutura.

O exercício ACDFG pode ser praticado com as seguintes faixas de apoio:

Faixa de apoio 22 Quatro compassos por acorde.

Faixa de apoio 23: Dois compassos por acorde.

Faixa de apoio 24: Um compasso por acorde.

Conclusão e Dicas de Treinamento

Este livro contém um grande volume de informações e provavelmente vai lh tomar algumas meses ou até anos de trabalho. Assim, o meu maior conselho é priorizar os seus objetivos. Os exercícios e escalas neste livro que você deve priorizar estão marcados com asterisco (*), então se certifique de que serão a sua prioridade sempre que você pegar a guitarra.

Eu recomendo fortemente se concentrar apenas em uma escala, e apenas um de cada vez dos Capítulos Um a Quatro, combinando-os com uma música ou estilo musical que você esteja trabalhando.

Por exemplo, se você estiver aprendendo uma música de rock pesado, você vai querer se concentrar em aprender o modo Eólio em todas as cinco posições e trabalhar as sequências mais importantes do Capítulo Um antes de passar para os intervalos do Capítulo Dois.

Outra abordagem para praticar o capítulo se escalas deste livro é pegar um modo por semana ou por mês e dominar as posições do sistema CAGED antes de trabalhar as ideias melódicas dos primeiros capítulos com aquele modo.

Seja lá de qual forma você escolha dividir esse material, lembre-se que o objetivo final não é simplesmente correr por escalas em um tempo acelerado, mas usar essas ideias para formar melodias novas e criativas nas suas próprias improvisações.

A velocidade pode ser um objetivo útil para medir progresso, mas ao perseguir exclusivamente a velocidade em sequências difíceis, é fácil treinar os seus dedos apenas para "fritar" nos padrões quando for solar. O fator importante ao mudar de padrões para melodias é simplesmente quebrar os padrões e deixar espaços.

Combine os padrões nos quais você está trabalhando com frases que você já sabe. Force-se a tocar algo diferente. *Vai* soar óbvio e forçado quando você começar, mas lentamente eles se tornarão uma parte mais natural do seu som e se mesclarão com a música que você já vem fazendo.

Se eu fosse enfatizar apenas uma coisa para você levar desse livro, é que *tudo* aqui é sobre *treinar seus ouvidos*. Praticar sequências, intervalos, tríades, arpejos e escalas abre a sua mente ao permitir que você escute novas possibilidades criativas. Você é literalmente forçado a tocar e internalizar ideias melódicas que você não havia tocado antes.

Essas novas ideias podem não se inserir imediatamente à sua técnica, mas assim como em qualquer novo vocabulário, elas estarão ali guardadas para quando a sua parte criativa queira emergir.

Acima de tudo, certifique-se de passar algum tempo praticando quaisquer novos padrões melódicos de um jeito criativo, improvisando.

Divirta-se!

Joseph

Apêndice A: Desenhos de Escalas com três notas por corda

Escala Maior:

C Major Shape 1   C Major Shape 2   C Major Shape 3   C Major Shape 4   C Major Shape 5

C Major Shape 6   C Major Shape 7

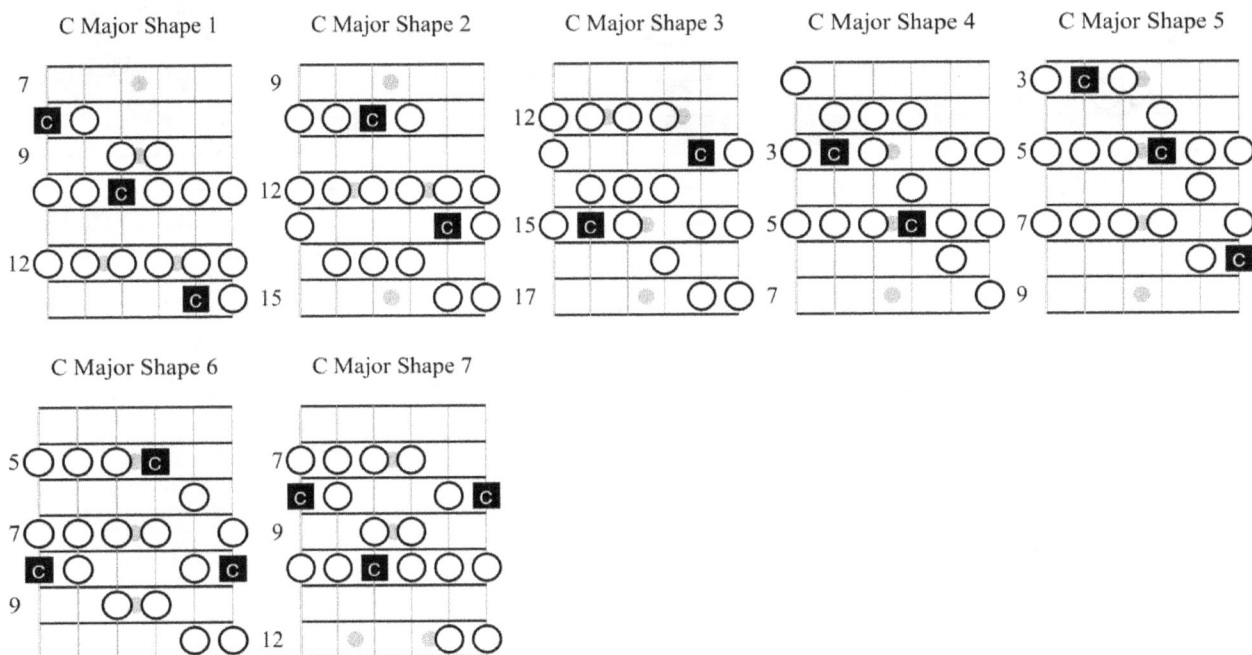

Escala Melódica Menor:

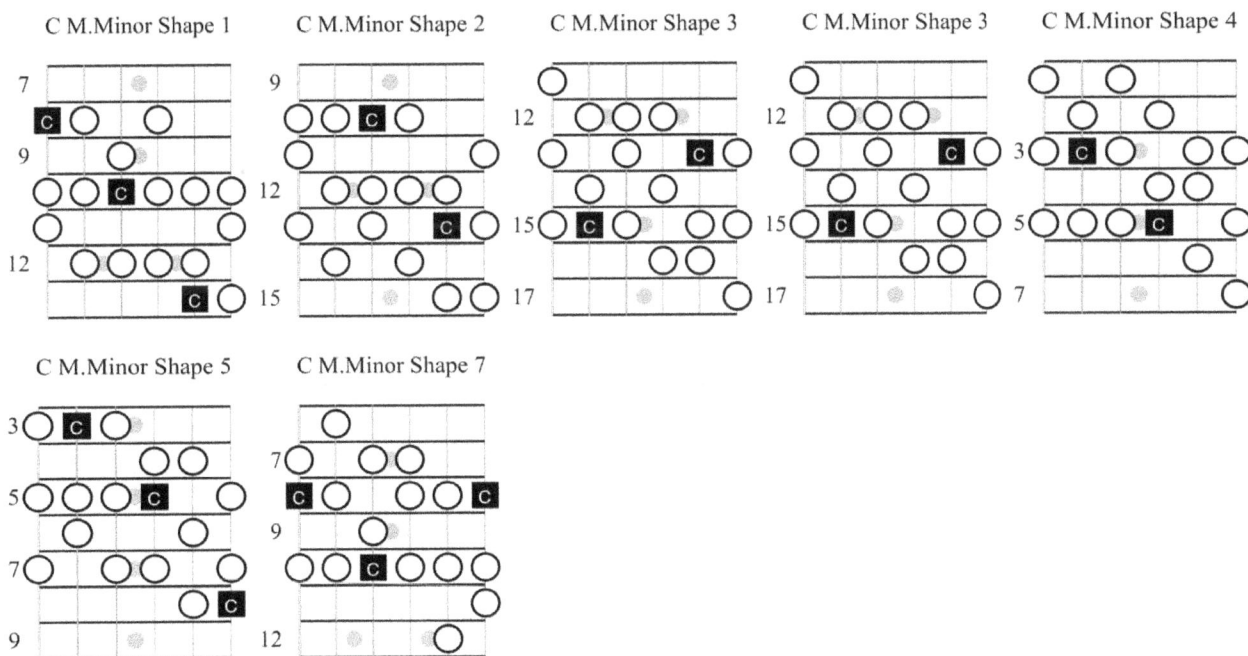

C M.Minor Shape 1   C M.Minor Shape 2   C M.Minor Shape 3   C M.Minor Shape 3   C M.Minor Shape 4

C M.Minor Shape 5   C M.Minor Shape 7

Escala Harmônica Menor

C H.Minor Shape 1 C H.Minor Shape 2 C H.Minor Shape 3 C H.Minor Shape 4 C H.Minor Shape 5

C H.Minor Shape 6 C H.Minor Shape 7